KLAUS-ALFRED ERNST

Die Bedeutung des Gesetzeszweckes im internationalen Währungs- und Devisenrecht

NEUE KÖLNER RECHTSWISSENSCHAFTLICHE ABHANDLUNGEN

HERAUSGEGEBEN VON
DER RECHTSWISSENSCHAFTLICHEN FAKULTÄT
DER UNIVERSITÄT ZU KÖLN

HEFT 26

Berlin 1963

WALTER DE GRUYTER & CO.
vormals G. J. Göschen'sche Verlagshandlung · J. Guttentag, Verlagsbuchhandlung
Georg Reimer · Karl J. Trübner · Veit & Comp.

Die Bedeutung des Gesetzeszweckes im internationalen Währungs- und Devisenrecht

Von

Dr. Klaus-Alfred Ernst

Düsseldorf

Berlin 1963

WALTER DE GRUYTER & CO.

vormals G. J. Göschen'sche Verlagshandlung · J. Guttentag, Verlagsbuchhandlung
Georg Reimer · Karl J. Trübner · Veit & Comp.

Archiv-Nr. 2 708 63 3
Satz und Druck: Walter Bartos, Berlin 61

INHALTSÜBERSICHT

Seite

Literaturverzeichnis VII

A. Kommentare, Lehrbücher und Monographien VII

B. Aufsätze IX

Abkürzungsverzeichnis XIII

Verzeichnis der zitierten anglo-amerikanischen Entscheidungen . . XIX

A. EINLEITUNG 1

Abgrenzung des Gegenstandes der Untersuchungen 1

B. UMRECHNUNGS- UND AUFWERTUNGSVORSCHRIFTEN . . 7

I. Umrechnungsvorschriften bei Einführung der Markwährung im Jahre 1873 7

II. Aufwertungsrecht 11

1. Überblick über das materielle Aufwertungsrecht 11

2. Der räumliche Geltungsbereich des Aufwertungsrechtes . . 12

a) Die schuldrechtliche Anknüpfung 13

b) Die währungsrechtliche Anknüpfung 16

c) Die kollisionsrechtliche Behandlung des Aufwertungsrechtes im Ausland 21

d) Aufwertung von Grundpfandrechten 22

3. Der räumliche Geltungsbereich der in den Aufwertungsgesetzen enthaltenen Schuldnerschutzbestimmungen 23

a) Die Vorschriften über die Aufwertung von Versicherungsansprüchen 24

b) Die Vorschriften über die Aufwertung von Darlehnsforderungen gegen Banken und Geldinstitute 30

c) Die Vorschriften über die Aufwertung öffentlicher und privater Anleiheschulden 32

d) Die Schutzvorschrift des § 15 Satz 2 AufwG 35

e) Zahlungsmoratorien im Zusammenhang mit der Aufwertung 37

f) Die Aufwertung von Vermögensanlagen 40

4. Zusammenfassung 42

Seite

III. Umrechnungsvorschriften anläßlich der Einführung der DM-Währung im Jahre 1948 43

IV. Ausländische Umrechnungsvorschriften anläßlich der Einführung neuer Währungen in den von Deutschland auf Grund des Versailler Vertrages abgetretenen Gebieten 50

C. GOLDKLAUSELVERBOTE UND ZWANGSKURSGESETZGEBUNG 57

I. Die amerikanische Joint Resolution vom 5. 6. 1933 57

1. Der Geltungsbereich der Joint Resolution nach der Rechtsprechung der amerikanischen Gerichte 58

2. Die deutsche Rechtsprechung zum räumlichen Geltungsbereich der amerikanischen Joint Resolution vom 5. 6. 1933 . 65

3. Der räumliche Geltungsbereich der amerikanischen Goldklauselgesetzgebung nach der Rechtsprechung der übrigen Staaten 68

a) Darstellung der Rechtsprechung 68

b) Zusammenfassung und Stellungnahme 74

II. Der räumliche Geltungsbereich der Zwangskursgesetze nach der Rechtsprechung der französischen Gerichte 77

D. DEVISENGESETZE 82

E. SCHLUSSBETRACHTUNG 87

LITERATURVERZEICHNIS

A. Kommentare, Lehrbücher und Monographien

Dicey	Conflict of Laws, Seventh Edition, London 1958
Eckstein	Geldschuld und Geldwert im materiellen und internationalen Privatrecht, Berlin 1932
Erman	Handkommentar zum Bürgerlichen Gesetzbuch, 3. Aufl. 1962, Münster/Westf., Art. 7—12, 27—31 EG BGB, bearbeitet von Arndt
Ficker	Grundfragen des deutschen interlokalen Rechts, Berlin und Tübingen 1952
Frankenstein	Internationales Privatrecht, Bd. I—IV, Berlin 1926—1935
Geiler-Stehlik-Veith	D-Markbilanzgesetz mit einem Anhang aller einschlägigen Vorschriften, insbesondere solcher aus dem Umstellungsrecht, Kommentar, München und Berlin 1950
Götze-Hildebrandt-Jurisch-Krech-Möller-Siegert-Skaupy	Probleme der Währungsreform, Abschnitt: Intersektorales und interzonales Privatrecht unter besonderer Berücksichtigung des Hypothekenrechts, bearbeitet von Krech, Berlin und Frankfurt a. M. 1949
Gutzwiller	Der Geltungsbereich der Währungsvorschriften, Freiburg 1940
Harmening-Duden	Die Währungsgesetze, München und Berlin 1949
von der Heydte	Völkerrecht, Köln 1958
Kegel	Internationales Privatrecht, München und Berlin 1960
—	Probleme des internationalen Enteignungs- und Währungsrechts, (Arbeitsgemeinschaft für Forschung des Landes Nordrhein-Westfalen, Geisteswissenschaften, Heft 40), Köln und Opladen 1956
Kegl-Rupp-Zweigert	Die Einwirkung des Krieges auf Verträge, Berlin 1941
Koeppel	Die deutsche Devisengesetzgebung im Internationalen Privatrecht, Berlin 1938

Lewald	Das deutsche internationale Privatrecht auf Grundlage der Rechtsprechung, Leipzig 1931
Mann	Das Recht des Geldes, Frankfurt a. M. und Berlin 1960
—	The Legal Aspect of Money, 2nd Edition, Oxford 1953
Melchior	Die Grundlagen des deutschen internationalen Privatrechts, Berlin und Leipzig 1932
Mügel	Das gesamte Aufwertungsrecht, 5. Aufl., Berlin 1927
Neukirch	Gesetz über die Aufwertung von Hypotheken und anderen Ansprüchen vom 16. Juli 1925, Halle 1926
Neumann	Devisennotrecht und internationales Privatrecht, Bern und Leipzig 1938
Neumeyer	Internationales Verwaltungsrecht, 3. Band, 2. Abteilung, München, Berlin und Leipzig 1930
Niederer	Einführung in die allgemeinen Lehren des internationalen Privatrechts, 2. Aufl., Zürich 1956
Nußbaum	Deutsches internationales Privatrecht, Tübingen 1932
—	Das Geld in Theorie und Praxis des deutschen und ausländischen Rechts, Tübingen 1925
—	Money in the Law, National and International, Brooklyn 1950
—	Vertraglicher Schutz gegen Schwankungen des Geldwertes, Berlin und Leipzig 1928
Palandt	Bürgerliches Gesetzbuch, 22. Aufl., München und Berlin 1963, Art. 7—23 EG BGB, bearbeitet von Lauterbach
Quassowski	Gesetz über die Aufwertung von Hypotheken und anderen Ansprüchen v. 16. 7. 1925, 5. Aufl., Mannheim, Berlin und Leipzig 1927
Raape	Internationales Privatrecht, 5. Aufl., Berlin und Frankfurt a. M. 1961 (4. Aufl. 1955)
Sack und Meyer-Collings	Gold- und Valutaklausel in deutscher und niederländischer Gerichtspraxis, München und Berlin 1937
Schlegelberger-Harmening	Das Aufwertungsgesetz, 5. Aufl., Berlin 1927
Schnitzer	Handbuch des internationalen Privatrechts, 4. Auflage, Basel, Bd. I 1957, Bd. II 1958
Seidl-Hohenveldern	Internationales Konfiskations- und Enteignungsrecht, Berlin und Tübingen 1952

Soergel-Siebert	Bürgerliches Gesetzbuch nebst Einführungsgesetz, Band V, 9. Aufl., Stuttgart 1961 (Art. 7—31 EG BGB bearbeitet von Kegel)
J. v. Staudinger	Kommentar zum Bürgerlichen Gesetzbuch und dem Einführungsgesetz, VI. Band, erl. von Raape, 9. Aufl., München, Berlin und Leipzig 1931
Stüven	Die Anwendung fremder Goldklauselgesetze unter besonderer Berücksichtigung der amerikanischen Joint Resolution vom 5. 6. 1933 und der deutschen Fremdwährungsschuldengesetzgebung von 1936, Hamburg 1939
Verdross	Völkerrecht, 4. Aufl., Wien 1959
Walker	Internationales Privatrecht, 5. Aufl., Wien 1934
Wolff, Martin	Das internationale Privatrecht Deutschlands, 3. Aufl., Berlin-Göttingen-Heidelberg, 1954

B. Aufsätze

Beitzke	Hauptprobleme des interzonalen Privatrechts, JR 1952, S. 419 ff.
—	Probleme der Enteignung im Internationalprivatrecht, Festschrift für Leo Raape (1948), S. 95
Blau	Währungsreform und Devisenrecht, SJZ 1949, 153 ff.
Brink	Darf der deutsche Richter das polnische Valutagesetz vom 20. 11. 1919 anwenden? JW 1921, S. 435 ff.
Duden	Die internationalrechtliche Tragweite des amerikanischen Gesetzes über die Aufhebung der Goldklauseln, ZAIP 1935, S. 615 ff.
Dykbandt	Zur Anwendung des polnischen Valutaschutzgesetzes, JW 1921, S. 886
Goldschmidt	Zum polnischen Valutagesetz, JW 1921, S. 1412 ff.
Haase	Die Einwirkungen der polnischen Valutabestimmungen auf die deutsch-polnischen Rechtsbeziehungen, JW 1920, 931 ff.
—	Deutsches oder polnisches Aufwertungsrecht? JW 1926, S. 2831 ff.
—	Das Verhältnis des deutschen Aufwertungsgesetzes zur polnischen Aufwertungsverordnung. — Zur Frage des räumlichen Geltungsbereiches der beiden Gesetze. JW 1926, 354 ff.
Harmening	Das Reichsgesetz über die Aufwertung von Hypotheken und anderen Ansprüchen vom 16. Juli 1925, JW 1925, 1698 ff.

Jacobsohn	Getrennte Währungsreform in Ost und West, NJW 1947/48, 679 ff.
Kann	Buchbesprechung (Haase: Das Recht der polnischen Valuta), JW 1922, 372 f.
Lüderitz	Die Belegenheit von Forderungen nach dem deutsch-österreichischen Vermögensvertrag, JZ 1961, 443 ff.
Lüders	Das Währungsstatut interzonaler Geldverbindlichkeiten, MDR 1948, 384 ff.
Lührse	Deutsches oder polnisches Aufwertungsrecht? JW 1926, S. 2831
Mann	Öffentlich-rechtliche Ansprüche im internationalen Rechtsverkehr, ZAIP 21 (1956), 1 ff.
Mann	Währungszersplitterung und Währungsbestimmung, NJW 1953, 643 ff.
Melchior	Internationales Privatrecht oder Währungsrecht bei der Aufwertung von Markforderungen? JW 1926, S. 2345 ff.
Mügel	Deutsches und polnisches Hypotheken-Aufwertungsrecht, JW 1927, 2979
Neumeyer	Die Aufwertung im Internationalen Privatrecht, JW 1928, 137 ff.
Nußbaum	Aufwertung im internationalen Privatrecht, JW 1928, 327
Rabel	Golddollaranleihen mit Vereinbarung des New Yorker Rechts, ZAIP 1936, 492 ff.
Reiß	Zum polnischen Valutagesetz, JW 1921, 1415 ff.
Schlegelberger	Die Aufwertung im internationalen Privatrecht, ZAIP 3 (1929), 869 ff.
Stein	Die Aufwertung von Hypothekenforderungen nach dem deutschen Aufwertungsgesetz im Verhältnis zur Tschechoslowakei, JW 1928, 1437 f.
Stoll	Zum Anwendungsbereich der westdeutschen Umstellungsgesetze, ZAIP 1956, 575 ff.
Unversehrt	Beschlagnahme und Aufwertung von Forderungen deutscher Staatsangehöriger in Polen, JW 1925, S. 2202 ff.
Verdross	Zur Konfiskation ausländischen Privateigentums nach Friedensvölkerrecht, Zeitschrift für öffentliches Recht 1925, 321 ff.
Wahl	Rechtsgutachten im Rechtsstreit Kreissparkasse Aachen gegen den Deutschen Sparkassen- und Giroverband, Niemeyers Z 52/277

Wengler — Die Anknüpfung des zwingenden Schuldrechts im internationalen Privatrecht, Z vgl. RW 54, 168 ff.

Zweigert — Nichterfüllung auf Grund ausländischer Leistungsverbote, ZAIP 14 (1942), 283 ff.

— — Buchbesprechung (Koeppel, Die deutsche Devisengesetzgebung im internationalen Privatrecht), ZAIP 13 (1940/41), 298 ff.

ABKÜRZUNGSVERZEICHNIS

a. A.	anderer Ansicht
a. a. O.	am angegebenen Ort
Abs.	Absatz
a. E.	am Ende
All E. R.	The All England Law Reports Annotated [Jahrgang] Band, Seite
amerikan.	amerikanisch
Anm.	Anmerkung
Arr.-Rechtbank	Arrondissements-Rechtbank (Niederlande)
Art.	Artikel
Aufl.	Auflage
Aufw.G.	Aufwertungsgesetz = Gesetz über die Aufwertung von Hypotheken und anderen Ansprüchen vom 16. 7. 1925
BayObLG	Bayerisches Oberstes Landesgericht
BayObLGE	Sammlung von Entscheidungen des Bayerischen Obersten Landesgerichts in Zivilsachen. Band, Abteilung und Seite
BB	Der Betriebsberater, Jahrgang und Seite
Bd.	Band
Bek.	Bekanntmachung
Bem.	Bemerkung
Beschl.	Beschluß
betr.	betreffend
BG	Entscheidungen des Schweizerischen Bundesgerichts, Amtliche Sammlung, Teil II, Zivilrecht, Band und Seite
BGB	Bürgerliches Gesetzbuch
BGH	Bundesgerichtshof
BGH Z	Entscheidungen des Bundesgerichtshofes in Zivilsachen, Band und Seite
brit.	britisch(e)
Cass.	Cour de Cassation
Cc	Code civil

Clunet	Journal du Droit International, Band (Jahrgang), Seite
dän.	dänisch
Dev. VO	Devisenverordnung
d. h.	das heißt
Dicey	Dicey, Conflict of Laws, Seventh Edition, London 1958
DM	Deutsche Mark
DVO	Durchführungsverordnung
Eckstein	Eckstein, Geldschuld und Geldwert im materiellen und internationalen Privatrecht, Berlin 1932
EG BGB	Einführungsgesetz zum Bürgerlichen Gesetzbuche
Entsch.	Entscheidung
Erman-Arndt	Erman, Handkommentar zum Bürgerlichen Gesetzbuch. 3. Aufl. 1962, Münster/Westf., Art. 7—12, 27—31, EG BGB, bearbeitet von Arndt
Fed. Rep. 2nd.	Federal Reporter, Second Series, Band und Seite
f., ff.	folgend(e)
Ficker	Ficker, Grundfragen des deutschen interlokalen Rechts, Berlin und Tübingen 1952
Frankenstein	Frankenstein, Internationales Privatrecht, Bd. I—IV, Berlin 1926—1935
franz.	französisch
G	Gesetz
Geiler-Stehlik-Veith, D-Markbilanzgesetz	Geiler-Stehlik-Veith, D-Markbilanzgesetz mit einem Anhang aller einschlägigen Vorschriften, insbesondere solcher aus dem Umstellungsrecht, Kommentar, München und Berlin 1950
GmbH	Gesellschaft mit beschränkter Haftung
GmbHG	Gesetz, betr. die Gesellschaften mit beschränkter Haftung
Götze-Hildebrandt-Jurisch-Krech-Möller-Siegert-Skaupy	Götze-Hildebrandt-Jurisch-Krech-Möller-Siegert-Skaupy, Probleme der Währungsreform, Abschnitt: Intersektorales und interzonales Privatrecht unter besonderer Berücksichtigung des Hypothekenrechts, bearbeitet von Krech, Berlin und Frankfurt a. M. 1949
Gutzwiller, Der Geltungsbereich	Gutzwiller, Der Geltungsbereich der Währungsvorschriften, Freiburg 1940
Harmening-Duden	Harmening-Duden, Die Währungsgesetze, München und Berlin 1949
von der Heydte	von der Heydte, Völkerrecht, Köln 1958
Hof	Gerechtshof (Niederlande)
Hooge Raad	Hooge Raad der Nederlanden
insbes.	insbesondere

IPR	Internationales Privatrecht
IPRspr.	Die deutsche Rechtsprechung auf dem Gebiete des internationalen Privatrechts Sonderheft der Zeitschrift für ausländisches und internationales Privatrecht, Jahrgang und Nr.
i. Verb.	in Verbindung
Jahrb. höchstrichterl. Entsch.	Jahrbuch höchstrichterlicher Entscheidungen, Wien, Band, Jahrgang, Nr.
JR	Juristische Rundschau, Jahrgang und Seite
JW	Juristische Wochenschrift, Jahrgang und Seite
JZ	Juristenzeitung, Jahrgang und Seite
KB	Law Reports, King's Bench Division, Jahrgang, Band und Seite
Kegel, IPR	Kegel, Internationales Privatrecht, München und Berlin 1960
Kegel, Probleme des internationalen Enteignungs- und Währungsrechts	Kegel, Probleme des internationalen Enteignungs- und Währungsrechts, (Arbeitsgemeinschaft für Forschung des Landes Nordrhein-Westfalen, Geisteswissenschaften, Heft 40), Köln und Opladen 1956
Kegel-Rupp-Zweigert	Kegel-Rupp-Zweigert, Die Einwirkung des Krieges auf Verträge, Berlin 1941
KG	Kammergericht
KGJ	Jahrbuch für Entscheidungen des Kammergerichts, Band und Seite
Komm.	Kommentar
Koeppel	Koeppel, Die deutsche Devisengesetzgebung im Internationalen Privatrecht, Berlin 1938
LAG	Gesetz über den Lastenausgleich (Lastenausgleichsgesetz) vom 14. 8. 1952
Lewald	Lewald, Das deutsche internationale Privatrecht auf Grundlage der Rechtsprechung, Leipzig 1931
LG	Landgericht
Lois Annotées	Lois Annotées, herausgegeben von Carette, Jahrgang und Seite
LT	Law Times Reports
Mann, Das Recht des Geldes	Mann, Das Recht des Geldes, Frankfurt a. M. und Berlin 1960
Mann, The legal Aspect	Mann, The Legal Aspect of Money, 2nd Edition, Oxford 1953
MDR	Monatsschrift für Deutsches Recht, Jahrgang und Seite
Melchior	Melchior, die Grundlagen des deutschen internationalen Privatrechts, Berlin und Leipzig 1932

Mügel, Aufwertungsrecht	Mügel, Das gesamte Aufwertungsrecht, 5. Aufl., Berlin 1927
NE	North Eastern Reporter, Band und Seite
NE2nd	North Eastern Reporter, Second Series, Band und Seite
Neukirch	Neukirch, Gesetz über die Aufwertung von Hypotheken und anderen Ansprüchen vom 16. Juli 1925, Halle 1926
Neumann	Neumann, Devisennotrecht und Internationales Privatrecht, Bern und Leipzig 1938
Neumeyer, Internationales Verwaltungsrecht III, 2	Neumeyer, Internationales Verwaltungsrecht, 3. Band, 2. Abteilung, München, Berlin und Leipzig 1930
Niederer	Niederer, Einführung in die allgemeinen Lehren des internationalen Privatrechts, 2. Aufl., Zürich 1956
Niemeyers Z	Niemeyers Zeitschrift für Internationales Recht, Band und Seite
NJ	Nederlandsche Jurisprudentie, Jahrgang und Nummer oder Seite
NJW	Neue Juristische Wochenschrift, Jahrgang und Seite
Nouvelle Rev. de droit int. priv.	Nouvelle Revue de droit international privé, Band (Jahrgang), Seite
Nr.	Nummer
Nußbaum, IPR	Nußbaum, Deutsches Internationales Privatrecht, Tübingen 1932
Nußbaum, Das Geld	Nußbaum, Das Geld in Theorie und Praxis des deutschen und ausländischen Rechts, Tübingen 1925
Nußbaum, Money in the Law	Nußbaum, Money in the Law, National and International, Brooklyn 1950
Nußbaum, Vertraglicher Schutz	Nußbaum, Vertraglicher Schutz gegen Schwankungen des Geldwertes, Berlin und Leipzig 1928
NYS	New York Supplement, Band und Seite
OGH	Oberster Gerichtshof
OGHZ	Entscheidungen des Obersten Gerichtshofes für die Britische Zone in Zivilsachen, Band und Seite
OLG	Oberlandesgericht
österr.	österreichisch
Palandt-Lauterbach	Palandt, Bürgerliches Gesetzbuch, 22. Aufl., München und Berlin 1963, Art. 7—23 EG BGB, bearbeitet von Lauterbach
poln.	polnisch

preuß.	preußisch
Quassowski	Quassowski, Gesetz über die Aufwertung von Hypotheken und anderen Ansprüchen vom 16. 7. 1925, 5. Aufl., Mannheim, Berlin, Leipzig 1927
Raape, IPR	Raape, Internationales Privatrecht, 5. Aufl., Berlin und Frankfurt a. M. 1961 (4. Aufl. 1955)
Rec. Dall.	Recueil Dalloz Périodique et Critique Teil 1 Cour de Cassation Teil 2 Cours d'Appel et Tribunaux Teil 4 Lois et Décrets Jahrgang und Seite des betreffenden Teils
Rec. Dall. Hebd.	Recueil Dalloz Hebdomadaire des Jurisprudence, Jahrgang und Seite
RG	Reichsgericht
RGBl	Reichsgesetzblatt, Jahrgang, Teil und Seite
RGZ	Entscheidungen des Reichsgerichts in Zivilsachen, Band und Seite
RM	Reichsmark
RMünzG	Reichsmünzgesetz
ROHG	Reichsoberhandelsgericht, Entscheidungen des Reichsoberhandelsgerichts, Band und Seite
S.	Seite
Sack/Meyer-Collings	Sack und Meyer-Collings, Gold- und Valutaklausel in deutscher und niederländischer Gerichtspraxis, München und Berlin 1937
Schlegelberger-Harmening, Aufwertungsgesetz	Schlegelberger-Harmening, Das Aufwertungsgesetz, 5. Aufl., Berlin 1927
Schnitzer	Schnitzer, Handbuch des internationalen Privatrechts, 4. Aufl., Basel, Bd. I 1957, Bd. II 1958
schweiz.	schweizerisch
Schweiz. BG	Schweizerisches Bundesgericht
Seidl-Hohenveldern	Seidl-Hohenveldern, Internationales Konfiskations- und Enteignungsrecht, Berlin und Tübingen 1952
Sirey	Recueil Général des Lois et des Arrêts, Jahrgang, Teil und Seite
SJZ	Süddeutsche Juristenzeitung, Jahrgang und Spalte
Soergel-Kegel	Soergel-Siebert, Bürgerliches Gesetzbuch nebst Einführungsgesetz, Band V, 9. Aufl., Stuttgart 1961 (Art. 7—31 EG BGB bearbeitet von Kegel)
Staudinger-Raape	J. v. Staudinger's Kommentar zum Bürgerlichen Gesetzbuch und dem Einführungsgesetz, VI. Band, erl. von Raape, 9. Aufl., München, Berlin und Leipzig 1931

Stüven	Stüven, Die Anwendung fremder Goldklauselgesetze unter besonderer Berücksichtigung der amerikanischen Joint Resolution vom 5. 6. 1933 und der deutschen Fremdwährungsschuldengesetzgebung von 1936, Hamburg 1939
Supr. Court Rep.	Supreme Court Reporter, Band und Seite
trib.	tribunal
trib. civ.	tribunal civil
UmstG	Umstellungsgesetz = Drittes Gesetz zur Neuordnung des Geldwesens vom 20. 6. 1948
v.	vom, in amerikanischen und englischen Entscheidungen = versus
Verdross, Völkerrecht	Verdross, Völkerrecht, 4. Aufl., Wien 1959
vgl. oder vergl.	vergleiche
VO	Verordnung
Vorbem.	Vorbemerkung(en)
WährungsG	Währungsgesetz = Erstes Gesetz zur Neuordnung des Geldwesens von 1948
Wahl, Rechtsgutachten	Wahl, Rechtsgutachten im Rechtsstreit Kreissparkasse Aachen gegen den Deutschen Sparkassen- und Giroverband, Niemeyers Z 52, 277
Walker	Walker, Internationales Privatrecht, 5. Aufl., Wien 1934
Warn.Rspr.RG	Warneyer, Die Rechtsprechung des Reichsgerichts, Jahrgang und Nummer
Weekbl.	Weekblad van hat Recht, Nr.
WM	Wertpapiermitteilungen Teil IV B, Jahrgang und Seite
Wolff	Wolff, Martin, Das internationale Privatrecht Deutschlands, 3. Aufl., Berlin-Göttingen-Heidelberg, 1954
ZAIP	Zeitschrift für ausländisches und internationales Privatrecht, Band, (Jahrgang), Seite
z. B.	zum Beispiel
Z. f. öff. Recht	Zeitschrift für öffentliches Recht, Jahrgang und Seite
ZGB	Schweizerisches Zivilgesetzbuch
Ziff.	Ziffer
ZPO	Zivilprozeßordnung
ZRpfl.Bay	Zeitschrift für Rechtspflege in Bayern, Jahrgang, Seite und Nr.
Zvgl.RW	Zeitschrift für vergleichende Rechtswissenschaft, Band und Seite

VERZEICHNIS DER ZITIERTEN ANGLO-AMERIKANISCHEN ENTSCHEIDUNGEN

Anderson v. Equitable Life Assurance Society of the United States, [1926] 134 LT 557

Anglo-Continentale Treuhand, A. G., v. Southern Pac. Co., 299 NYS 859

Anglo-Continentale Treuhand, A. G., v. St. Louis, Southwestern Ry. Co., 81 Fed. Rep. 2nd 11

Bethlehem Steel Co. v. Zurich, General Accident a. Liability Ins. Co., Limited, 59 Supr. Court Rep. 856

Central Hanover Bank a. Trust Co. v. Siemens u. Halske Aktiengesellschaft et al., 15 Fed. Suppl. 927

City Bank Farmers Trust Co. v. Bethlehem Steel Co., 280 NYS 494

Compañia de Inversiones Internacionales v. Industrial Mortgage Bank of Finland, 198 NE 617

Guaranty Trust Co. of New York v. Henwood et al., 59 Supr. Court Rep. 847

International Trustee for the Protection of Bondholders Aktiengesellschaft v. Rex [1936] 3 All E. R. 407

Mc Adoo v. Southern Pac. Co., 10 Fed. Suppl. 953

Mount Albert Borough Council v. Australasian Temperance and General Mutual Life Assurance Society, Ltd., [1937] 4 All. E. R., 206

Ralli Brothers v. Compañia Naviera, Sota y Aznar, 1920 2 KB 287

Rex v. International Trustee for the Protection of Bondholders Akt. [1937] 2 All. E. R. 164

Zurich General Accident a. Liability Ins. Co., Limited, v. Bethlehem Steel Co., 18 NE 2nd 673

Zurich General Accident a. Liability Ins. Co., Limited, v. Lackawanna Steel Co. et al., 299 NYS 862

A. EINLEITUNG

Abgrenzung des Gegenstandes der Untersuchungen

Eine Frage, die im internationalen Privatrecht immer wieder aufgeworfen wird, ist die nach dem räumlichen Geltungsbereich von Rechtssätzen mit öffentlich-rechtlichem Charakter, d. h. inwieweit Rechtsverhältnisse, die Anknüpfungsmomente zu mehreren Staaten aufweisen, von Rechtsnormen mit öffentlich-rechtlichem Charakter eines dieser Staaten erfaßt werden.

Wenn hier von Rechtsnormen mit öffentlich-rechtlichem Charakter die Rede ist, so ist dabei nicht so sehr an die klassische Unterscheidung zwischen Privatrecht und öffentlichem Recht gedacht, vielmehr an den Gegensatz zwischen Rechtssätzen, die lediglich der materiellen Gerechtigkeit zwischen den einzelnen dienen, und solchen, die nebenher oder ausschließlich politische, wirtschaftspolitische oder sonstige im Allgemeininteresse liegende Ziele verfolgen, auch wenn sie nach der klassischen Unterscheidung dem Privatrecht zuzuordnen sind. Denn bei allen Vorschriften der letztgenannten Gruppe, nicht nur bei denjenigen, die nach der klassischen Unterscheidung zum öffentlichen Recht gehören, erhebt sich die Frage[1], ob sie stets und nur dann anwendbar sind, wenn das Rechtsverhältnis, über das zu entscheiden ist, nach den allgemeinen Grundsätzen des internationalen Privatrechts dem Rechte des Staates unterliegt, der sie erlassen hat, oder ob für die Bestimmung ihres Geltungsbereichs andere Kriterien maßgebend sind.

Die Bestimmung des räumlichen Geltungsbereiches eines Rechtssatzes kann zunächst einmal durch Gesetz erfolgen und zwar, entweder durch eine besondere Kollisionsnorm[2], oder indem der Gesetzge-

---

[1] Natürlich nur, soweit nicht der Geltungsbereich durch Gesetz bestimmt ist.

[2] Werden beispielsweise durch Gesetz alle Vereinbarungen in Schuldverhältnissen, denen zufolge Geldleistungen in Goldmünzen oder zum Goldwert zu erbringen sind, (Goldklauseln) für unwirksam erklärt, so ist es denkbar, daß in das Gesetz eine Kollisionsnorm folgenden Inhalts eingefügt ist:

„Die Vorschriften dieses Gesetzes gelten für alle Geldverbindlichkeiten, die im Inland zu erfüllen sind, ohne Rücksicht darauf, ob das Schuldverhältnis inländischem Recht unterliegt oder nicht.“

ber in dem materiellen Rechtssatz selbst auch in räumlicher Hinsicht die Voraussetzungen nennt, unter denen er angewandt werden soll[3]. Fehlt eine gesetzliche Regelung, so kann sich Gewohnheitsrecht gebildet haben[4].

Ist weder eine gesetzliche Bestimmung noch eine gewohnheitsrechtliche Regel vorhanden, so wird zur Abgrenzung des räumlichen Geltungsbereichs von Vorschriften mit öffentlich-rechtlichem Charakter häufig der Grundsatz der Territorialität angerufen. Das Territorialitätsprinzip stellt nun nicht eine fest umgrenzte, eindeutige Regel dar, vielmehr fallen unter diesen Begriff verschiedene Arten der Beweisführung, daß die Wirkungen (öffentlich-rechtlicher) politischer und wirtschaftspolitischer Gesetze auf das Territorium des gesetzgebenden Staates beschränkt sind. Dabei kann man unter territorial begrenzter Wirkung zweierlei verstehen, entweder daß Gesetze nur von den Gerichten des Staates berücksichtigt werden, der sie erlassen hat (prozessuale Territorialität), oder daß sie nur auf Tatbestände angewandt werden, deren Schwerpunkt im Gesetzgebungsstaat liegt (materielle Territorialität)[5].

Man kann die territorial begrenzte Anwendung eines politischen oder wirtschaftspolitischen Gesetzes einmal damit begründen, daß Vorschriften mit öffentlich-rechtlichem Charakter in ihrer Wirkung auf das Territorium des gesetzgebenden Staates beschränkt sind, zum anderen damit, daß derartige Vorschriften nach dem Willen des Gesetzgebers nur auf im eigenen Staat abzuwickelnde Rechtsverhältnisse anzuwenden sind. Im ersten Falle wird die Entscheidung auf eine beschränkte Geltungs*kraft* des betreffenden Gesetzes gestützt, im zweiten Falle auf einen beschränkten Geltungs*willen*[6].

Zur Ermittlung des räumlichen Geltungswillens einer Rechtsnorm kann man – mangels gesetzlicher Regelung – die allgemeinen Auslegungsgrundsätze heranziehen, wie etwa Analogieschluß und argumentum e contrario. Von besonderer Bedeutung für die Feststellung des räumlichen Geltungswillens ist aber der Gesetzeszweck, nämlich aus der Erwägung heraus, daß ein Gesetz im Zweifel den und nur den Geltungsbereich beansprucht, der durch die mit dem Gesetz verfolgten Zwecke gefordert wird. In Rechtsprechung und Lehre

---

[3] Um bei dem Beispiel des Goldklauselverbots zu bleiben, ließe sich folgender Rechtssatz anführen:

„Bei allen Geldverbindlichkeiten, die im Inland zu erfüllen sind, ist eine Vereinbarung, nach der die Zahlung in Goldmünzen oder zum Goldwert zu erfolgen hat, unwirksam."

[4] Zum Beispiel die Regel des deutschen IPR, daß sich die Haftung für unerlaubte Handlungen nach dem Recht des Handlungsortes richtet.

[5] Vergl. Koeppel, S. 103, 104; Neumann, S. 27 ff.; Stüven, S. 49

[6] Vergl. Wahl, Rechtsgutachten, Niemeyer's Z 52, 277 ff. (284); Koeppel, S. 56 u. 100; Stüven, S. 49; Neumann, S. 20.

ist daher immer wieder der Gesetzeszweck zur Ermittlung des räumlichen Geltungsbereiches politischer und wirtschaftspolitischer Vorschriften herangezogen worden.

Der Gesetzeszweck spielt aber auch bei der Feststellung, ob und inwieweit einem Gesetz nur eine territorial begrenzte Geltungskraft zuzubilligen ist, eine Rolle. Das Bedürfnis nach einer territorialen Begrenzung der Geltungskraft besteht aus Gründen der Staatsraison insbesondere gegenüber ausländischen politischen und wirtschaftspolitischen Gesetzen.

Ob aber ein Gesetz politischen oder wirtschaftspolitischen Charakter hat, hängt in Zweifelsfällen vom Zweck dieses Gesetzes ab; es kommt darauf an, ob das Gesetz nur der Gerechtigkeit zwischen den einzelnen dienen soll, oder ob mit dem Gesetz staatliche, politische und wirtschaftspolitische Zwecke verfolgt werden. Auch bei der Nichtanwendung von Kampfmaßnahmen, z. B. Feindhandelsverboten, durch die Gerichte der Staaten, gegen deren Angehörige sich die Maßnahmen richten, handelt es sich um eine Beschränkung der Geltungskraft dieser Maßnahmen im Hinblick auf die mit ihnen verfolgten Zwecke. Der Gesetzeszweck kann also sowohl bei der Ermittlung des Geltungswillens als auch bei der Ermittlung der Geltungskraft eines Gesetzes von Bedeutung sein.

Jeder Richter hat sicherlich über den räumlichen Geltungsbereich politischer und wirtschaftspolitischer Gesetze seines eigenen Staates zu entscheiden. Soweit aber ausländische politische und wirtschaftspolitische Gesetze in Betracht kommen, stellt sich die Frage nach ihrem räumlichen Geltungsbereich für den inländischen Richter nur dann, wenn er bei seiner Entscheidung ausländische Bestimmungen mit öffentlich-rechtlichem Charakter überhaupt berücksichtigen darf. Eine Untersuchung, inwieweit die eigenen Gerichte den Geltungsbereich fremder politischer und wirtschaftspolitischer Vorschriften aus deren Zweck herleiten können, hat daher nur dann Sinn, wenn feststeht, daß diese ausländischen Vorschriften nicht schon allein wegen ihres öffentlich-rechtlichen Charakters von der Anwendung durch die heimischen Gerichte ausgeschlossen sind.

In der Rechtsprechung ist bisweilen der Satz ausgesprochen worden, daß öffentliches Recht eines fremden Staates vom Gerichtsstaat nicht anzuwenden ist[7]. In dieser Allgemeinheit ist der Satz falsch, wenn er auch einen richtigen Kern enthält. Richtig dürfte sein, daß Ansprüche aus Steuer-, Zoll- und Strafgesetzen nur vor den Gerichten des Gesetzgebungsstaates durchgesetzt werden können. In allen diesen Fällen macht ein Staat seine hoheitlichen Ansprüche im Wege der Rechtsverfolgung geltend. Diese Ansprüche kann er aber nur vor seinen eigenen Gerichten verfolgen; die Gerichte fremder Staaten

[7] Z. B. Schweiz. BG, 28. 10. 1948, BG 74 II 224 (229).

sind nicht dazu da, ihm zur Durchsetzung seiner hoheitlichen Ansprüche zu verhelfen. Der richtige Kern des Satzes von der Unanwendbarkeit ausländischen öffentlichen Rechtes besteht also darin, daß die eigenen Gerichte nicht über öffentlich-rechtliche Ansprüche fremder Hoheitsträger entscheiden[8].

Aber auch noch in anderen Fällen wird der Richter vor die Frage gestellt, ob er ausländisches öffentliches Recht berücksichtigen darf: Wenn nämlich zu entscheiden ist, ob rechtsgestaltende Eingriffe des ausländischen öffentlichen Rechts in Privatrechtsverhältnisse von den inländischen Gerichten anzuerkennen sind. Man spricht in diesen Fällen von „privatrechtlich unmittelbar wirksamen öffentlich-rechtlichen Bestimmungen“ [9] oder von Reflexwirkungen des öffentlichen Rechts auf Privatrechtsverhältnisse[10]. Hierher gehört z. B. die Anordnung der Nichtigkeit für alle Schuldverträge, die gegen Devisenvorschriften verstoßen. Nach der richtigen, herrschenden Lehre können auch Reflexwirkungen ausländischen öffentlichen Rechtes auf Privatrechtsverhältnisse vom inländischen Richter anerkannt werden[11].

Der Richter wendet ausländisches öffentliches Recht noch in einer weiteren Gruppe von Fällen an: Bisweilen wird in (inländischen) Vorschriften auf persönliche Eigenschaften oder Verhältnisse abgestellt, über deren Vorhandensein nach ausländischem öffentlichem Recht zu entscheiden ist. Knüpft beispielsweise das internationale Privatrecht an die Staatsangehörigkeit an, so kann die Frage, ob eine Person Angehöriger eines bestimmten ausländischen Staates ist, nur nach dem Staatsangehörigkeitsrecht dieses Staates, also nach ausländischem öffentlichem Recht entschieden werden[12]. Die Anwendung des ausländischen öffentlichen Rechts hängt hier nicht von seinem Zweck, sondern nur davon ab, daß inländische Vorschriften Tatbestandsmerkmale enthalten, über deren Vorhandensein ausländisches öffentliches Recht entscheidet; der Zweck des ausländischen Gesetzes beeinflußt seine Anwendung im Inland (d. h. seinen räumlichen Geltungsbereich) grundsätzlich nicht. Auf Fälle dieser Art braucht daher im Rahmen der vorliegenden Abhandlung nicht eingegangen zu werden.

---

[8] Stoll ZAIP 21 (1956), 575 (602); Mann ZAIP 21 (1956), 1 ff. (19); im Ergebnis ebenso: Niederer, S. 312 unter Ziffer 2.

[9] Niederer, S. 310 unter Ziff. 2.

[10] Koeppel, S. 71; Stoll, ZAIP 21 (1956), 575 (602).

[11] Soergel-Kegel, Vorbem. 224 ff. vor Art. 7 EGBGB; Raape, IPR, § 17 V, S. 124; Melchior, S. 267; Mann, ZAIP 21 (1956), 1 ff. (3); Niederer, S. 310 unter Ziff. 2; Koeppel, S. 71—73.

[12] Vergl. Raape a. a. O.; Niederer a. a. O., S. 309 unten, 310; Melchior, S. 266.

Zusammenfassend läßt sich feststellen: Fremde Staaten können zwar ihre hoheitlichen Ansprüche nicht vor inländischen Gerichten verfolgen. Ausländisches öffentliches Recht, das gestaltend in Privatrechtsverhältnisse eingreift, kann aber für den inländischen Richter beachtlich sein; insoweit hat der inländische Richter auch über den räumlichen Geltungsbereich fremden öffentlichen Rechts zu entscheiden.

Eine Untersuchung der Abhängigkeit des räumlichen Geltungsbereiches gesetzlicher Vorschriften von ihrem Zweck für alle Zweige des öffentlichen Rechtes würde den Umfang einer Darstellung des gesamten internationalen Verwaltungsrechtes annehmen und den Rahmen dieser Abhandlung sprengen. Eine Beschränkung des Themas der Untersuchungen ist also erforderlich. Es liegt nahe, auch bei der Darstellung des räumlichen Geltungsbereichs öffentlichen Rechtes, das vom Gerichtsstaat erlassen ist, gerade die Fälle der Reflexwirkungen des öffentlichen Rechtes zu untersuchen, weil auf diese Weise eine vergleichende Betrachtung ermöglicht wird, ob der Richter zur Bestimmung des räumlichen Geltungsbereiches politischer und wirtschaftspolitischer Gesetze nach ihrem Zweck bei ausländischen Vorschriften dieselben Grundsätze anwenden kann wie bei inländischen oder nicht. Politische und wirtschaftspolitische Vorschriften, die auf Privatrechtsverhältnisse einwirken, gehören in aller Regel dem Währungs-, dem Devisen- oder dem Enteignungsrecht an. In der Praxis und im Schrifttum ist sehr häufig der räumliche Geltungsbereich von Währungs- und Devisengesetzen auf Grund des Gesetzeszweckes ermittelt worden.

Zur Bestimmung des räumlichen Geltungsbereiches von Enteignungsgesetzen dagegen wird im deutschen internationalen (und interlokalen) Privatrecht meist das Machtprinzip herangezogen; danach sind Enteignungen durch ausländische Staaten nur dann anzuerkennen, wenn die zu enteignenden Gegenstände sich im Machtbereich des enteignenden Staates befinden[13]. Bisweilen wird ausländischen Enteignungsgesetzen auch unter Berufung auf den ordre

---

[13] RGZ 102, 251 (252, 253); BGHZ 13, 106 (108 unten); BGH, 14. 1. 59, WM 59, 199 (200); Soergel-Kegel, Vorbem. 405 ff. vor Art. 7 EG BGB; Raape, IPR, § 66 I 4, S. 659 und III 1, S. 665; für das schweizer IPR ebenso Schweiz. BG, 28. 10. 1948, BG 74 II 224 (229) und Schnitzer, S. 605 oben.

Seidl-Hohenveldern, S. 82, bejaht das Prinzip für entschädigungslose Enteignungen; ob das Prinzip auch für Enteignungen gegen Entschädigung gilt, wird von Seidl-Hohenveldern unter Hinweis auf Entscheidungen verschiedener Staaten bezweifelt, vergl. Seidl-Hohenveldern, S. 179 ff.

[14] So z. B. Soergel-Kegel, Vorbem. 457 vor Art. 7 EG BGB für entschädigungslose Enteignung von Sachen des persönlichen Gebrauchs; Schnitzer II, S. 605 Mitte für das schweiz. Recht; Schweiz. BG, 18. 9. 1934, BG 60 II 294 (310, 311) und 8. 10. 1935, BG 61 II 242 (246, 249) für enteignungsähnliche Eingriffe durch die deutsche Devisengesetzgebung.

public[14] oder auf die Grundsätze des Völkerrechts[15] die Anerkennung versagt. Der Gesetzeszweck spielt bei der Bestimmung des räumlichen Geltungsbereiches von Enteignungsgesetzen eine geringere Rolle.

In der vorliegenden Abhandlung wird also im wesentlichen dargestellt werden, ob und inwieweit es möglich ist, den räumlichen Geltungsbereich währungs- und devisenrechtlicher Vorschriften, die auf Privatrechtsverhältnisse einwirken, aus ihrem Zweck zu bestimmen. Unter Verzicht auf einen umfassenden Überblick über die verschiedenen Lösungsmöglichkeiten und eine lückenlose Darstellung der Schrifttumsmeinungen soll an Hand von Beispielen aus der Rechtsprechung der Einfluß des Gesetzeszweckes auf den räumlichen Geltungsbereich dargestellt werden.

---

[15] Wolff, § 35 II 5 a, S. 177; Raape, IPR, § 66 I 2 u. 3, S. 655 ff.; Verdross, Z. f. Öff. Recht 1925, 321 ff.; Verdross, Völkerrecht, S. 289; von der Heydte, S. 280.

Nach Soergel-Kegel, Vorbem. 418—420 vor Art. 7 EG BGB, und Seidl-Hohenveldern, S. 43, läßt sich keine Regel aufstellen, daß völkerrechtswidrige Enteignungen nichtig sind.

B. UMRECHNUNGS- UND AUFWERTUNGSVORSCHRIFTEN

I. Umrechnungsvorschriften bei Einführung der Markwährung im Jahre 1873

Die Frage, inwieweit die bei einem Währungswechsel erlassenen Umrechnungsvorschriften auch auf alte Währung lautende Geldforderungen mit Auslandsberührung erfassen, ist zuerst nach der Einführung der Markwährung durch das Reichsmünzgesetz vom 9. 7. 1873[16] eingehend erörtert worden. Das Reichsmünzgesetz (RMünzG) enthielt solche Umrechnungsvorschriften in Art. 14, der in den §§ 1–3 bestimmte:

„Von dem Eintritt der Reichswährung an gelten folgende Vorschriften:

§ 1:

Alle Zahlungen, welche bis dahin in Münzen einer inländischen Währung oder in landesgesetzlich den inländischen Münzen gleichgestellten ausländischen Münzen zu leisten waren, sind vorbehaltlich der Vorschriften der Art. 9, 15 und 16 in Reichsmünzen zu leisten[17].

§ 2:

Die Umrechnung solcher Goldmünzen, für welche ein bestimmtes Verhältnis zu Silbermünzen nicht feststeht, erfolgt nach Maßgabe des gesetzlichen Feingehalts derjenigen Münzen, auf welche die Zahlungsverpflichtung lautet, zu dem gesetzlichen Feingehalt der Reichsgoldmünzen.

Bei der Umrechnung anderer Münzen werden

der Thaler zum Werthe von 3 Mark,
der Gulden süddeutscher Währung zum Werthe von 1 $^{5}/_{7}$ Mark,
die Mark lübischer oder hamburgischer Kurantwährung zum Werthe von 1 $^{1}/_{5}$ Mark,

die übrigen Münzen derselben Währungen zu entsprechenden Werthen nach ihrem Verhältniß zu den genannten berechnet.

---

[16] RGBl. 1873, 233.

[17] Art. 15 und 16 des Münzgesetzes ordneten an, daß bestimmte alte Münzsorten bis zu ihrer Außerkraftsetzung gesetzliche Zahlungsmittel bleiben sollten; Art. 9 schränkte die Annahmepflicht für Reichssilbermünzen bei höheren Geldbeträgen ein.

Bei der Umrechnung werden Bruchteile von Pfennigen der Reichswährung zu einem Pfennig berechnet, wenn sie einen halben Pfennig oder mehr betragen, Bruchteile unter einem halben Pfennig werden nicht gerechnet.

§ 3:

Werden Zahlungsverpflichtungen nach Eintritt der Reichswährung unter Zugrundelegung vormaliger Geld- oder Rechnungswährungen begründet, so ist die Zahlung vorbehaltlich der Vorschriften Art. 9, 15 und 16 in Reichsmünzen unter Anwendung der Vorschrift des § 2 zu leisten."

Vor der Einführung der Goldmark im Deutschen Reich hatten mehrere österreichische Eisenbahngesellschaften Anleihen aufgenommen. Die Obligationen und Zinsscheine trugen eine alternative Währungsklausel und lauteten auf feste Beträge von österreichischen Gulden (Silber), Gulden süddeutscher Währung und – bei einigen Anleihen – Talern; die Gläubiger konnten nach ihrer Wahl Zahlung in einer dieser Währungen fordern. Nachdem im Deutschen Reich die Gulden- und Talerwährung durch die neue Markwährung ersetzt und die meisten Sorten der alten Silbermünzen außer Kurs gesetzt worden waren[18], verlangten die deutschen Gläubiger Zahlung in deutscher Währung, und zwar in der neuen Goldmark zu dem im Reichsmünzgesetz festgesetzten Umrechnungskurs. Da aber nach der Einführung der Goldmark der Silberwert gesunken war[19], weigerten sich die ausländischen Anleiheschuldner, ihre auf die alten Silberwährungen lautenden Verpflichtungen zu dem im Reichsmünzgesetz festgelegten Umrechnungskurs in Goldmark zu zahlen, mit der Begründung, das Reichsmünzgesetz habe für sie als Ausländer keine Geltung; sie brauchten daher nur den Betrag in Goldmark zu leisten, der am Zahlungstage dem Metallwert der unter der alten Währung geschuldeten Silbermünzen entspräche.

Die deutschen Gerichte verurteilten die Anleiheschuldner zur Zahlung in Mark nach dem in Art. 14 RMünzG festgelegten Umrechnungskurs. Soweit ein deutscher Erfüllungsort bestimmt war, begründeten die Gerichte die Anwendung der deutschen Umrechnungsnorm damit, daß das Zahlungsgeschäft, insbesondere hinsichtlich Art und Maß der Leistung, dem Rechte des Erfüllungsortes

---

[18] Die Halbguldenstücke süddeutscher Währung sind z. B. durch Bek. v. 7. 6. 1875, RGBl. 1875, 247, mit Wirkung vom 1. 7. 1875 außer Kurs gesetzt worden; die süddeutschen Guldenstücke galten noch bis zum 1. 1. 1876 als gesetzliches Zahlungsmittel, vergl. die Bek. v. 10. 12. 1875, RGBl. 1875, 315.

Die alten Talermünzen galten auch über diesen Termin hinaus noch als gesetzliches Zahlungsmittel zum Werte von 3 Mark; vgl. dazu Art. 15 RMünzG und die Entsch. des ROHG vom 8. 4. 1879, ROHG 25, 41 (43 ff.).

[19] Vgl. Nußbaum, Das Geld, S. 159.

unterstehe und daher die Umstellung der Forderungen von der alten auf die neue deutsche Währung nach deutschem Recht zu erfolgen habe[20]. Außerdem führten die Gerichte an, daß, wenn Art. 14 des Reichsmünzgesetzes nicht anwendbar sei, die Umrechnung vernünftigerweise nur nach dem Wertverhältnis von Gold zu Silber am Tage der Währungsumstellung erfolgen könne. Da eine starke Vermutung dafür spreche, daß dieses Wertverhältnis der Vorschrift des Art. 14 RMünzG zugrunde liege, sei es richtig, auch die unter der alten Währung begründeten Schuldverhältnisse, an denen Ausländer als Gläubiger oder Schuldner beteiligt seien, nach der der gesetzlichen Umrechnungsnorm zugrunde liegenden Wertrelation in die neue Währung zu überführen[21].

Aber auch der Zweck des Art. 14 RMünzG ist zur Begründung dafür herangezogen worden, daß diese Vorschrift, ohne Rücksicht auf die Staatsangehörigkeit der Beteiligten, alle auf die alten deutschen Währungen lautenden Geldforderungen erfaßt, die in Deutschland zu erfüllen sind. In dem Prozeß über die Zinskupons der Anleihe der österreichischen Kaiserin-Elisabeth-Bahn begründete das ROHG die Anwendung des Art. 14 RMünzG zunächst damit, daß auf den Zahlungsvorgang deutsches Recht als Recht des Erfüllungsortes anzuwenden sei. Das ROHG befaßte sich dann mit dem möglichen Einwand, daß die Anwendung des Rechtes des Erfüllungsortes auf der freiwilligen Unterwerfung der Parteien beruhe und die ausländische Beklagte sich nach ihrem mutmaßlichen Willen für das Zahlungsgeschäft zwar im allgemeinen den deutschen Gesetzen unterworfen habe, nicht aber der für sie nachteiligen Umrechnungsnorm, die der deutsche Gesetzgeber anläßlich des Währungswechsels erließ[22]. Das ROHG wies nach, daß auch dann, wenn diese Auffassung richtig wäre, Art. 14 RMünzG auf die streitigen Zinsforderungen anzuwenden wäre, und begründete dies mit dem Zweck dieser Norm. In den Entscheidungsgründen wurde ausgeführt, die deutsche Umrechnungsnorm sei zur Vermeidung sonst unausbleiblicher Unsicherheit und Verwirrung im volkswirtschaftlichen Interesse aus Gründen des öffentlichen Wohls erlassen; sie unterwerfe sich, ohne Rücksicht auf die Staatsangehörigkeit der Beteiligten, alle Zahlungen, die bis da-

---

[20] ROHG 23, 205 (208, 209); zustimmend: ROHG 24, 388, ROHG 25, 41 (48) und RGZ 1, 59 (61); RGZ 6, 125 (130, 131), mit ausführlicher Begründung. Diese Auffassung wurde beiläufig auch in RGZ 19, 47 (51, 52) gebilligt.

[21] RGZ 6, 125 (128, 129); RGZ 19, 47 (52). (Die zweite Entscheidung betraf einen Fall, in dem kein inländischer Erfüllungsort bestimmt war und beruhte ausschließlich auf dieser Erwägung.)

Ebenso Nußbaum, Das Geld, S. 160.

[22] ROHG 23, 205 (209). Eine derartige Teilverweisung wird weitgehend für zulässig gehalten, vgl. KG 7. 3. 1935, IPRspr. 1934, Nr. 92 (S. 186 f.).

hin in inländischer Währung in Deutschland zu bewirken gewesen seien. Art. 14 RMünzG müsse daher seiner Bestimmung gemäß vom deutschen Richter auch ausländischen Schuldnern gegenüber angewandt werden, wenn über eine derartige Zahlungspflicht zu entscheiden sei[23].

Diese Auffassung des ROHG verdient grundsätzlich Zustimmung. Sie bedarf jedoch noch einer Erweiterung. Aus dem Zweck des Art. 14 RMünzG, eine reibungslose Überführung der alten Geldschulden in die neue Währung zu gewährleisten, folgt nicht nur, daß diese Vorschrift alle in Deutschland zu erfüllenden Verbindlichkeiten erfaßt, gleich ob die Beteiligten Inländer oder Ausländer sind. Art. 14 RMünzG ist vielmehr nach seinem Zweck auch auf die außerhalb Deutschlands zu erfüllenden Geldschulden anzuwenden, die auf die alten, durch die Markwährung ersetzten deutschen Währungen lauten. So hat das Reichsgericht später auch bei ausländischem Erfüllungsort die Umrechnung nach dem Art. 14 RMünzG zugrunde liegenden Wertverhältnis vorgenommen, allerdings ohne die Vorschrift direkt anzuwenden[24].

Im Ergebnis entsprechen die zu Art. 14 RMünzG ergangenen Entscheidungen der heute überwiegend anerkannten Regel[25], daß bei einem Währungswechsel die gesetzliche Umrechnungsnorm des Währungsstaates alle auf die untergegangene Währung lautenden Geldforderungen erfaßt. Diese Regel gilt allerdings nur, wenn die staatliche Umstellungsvorschrift ausschließlich die Klarstellung des Wertverhältnisses zwischen alter und neuer Währung bezweckt; denn nur, wenn die Umstellungsnorm auf dem tatsächlichen Wertverhältnis der beiden Währungen beruht, erscheint es gerechtfertigt, sie auch auf Schuldverhältnisse anzuwenden, an denen Ausländer als Gläubiger

---

[23] ROHG a. a. O., S. 210. Ohne weitere Erörterungen zustimmend: ROHG 24, 388; ROHG 25, 41 (48); RGZ 1, 59 (61).

[24] RGZ 19, 47, vergl. oben, S. 9.

[25] Diese Regel wird vertreten von: Wolff, § 30 II 1, S. 159; Nußbaum, IPR § 39 II, S. 253; Melchior, § 185, S. 275; Walker, S. 457; Mann, The legal Aspect, S. 230; Mann, NJW 1953, 643 (644, 645); Harmening-Duden, S. 161; Eckstein, S. 105; Schlegelberger ZAIP 3 (1929), 869 (870); Stein JW 28, 1438; Neumeyer JW 28, 137.

[26] Mann, The legal Aspect, S. 245 unterscheidet zwischen Umrechnungsvorschriften, die alle auf eine bestimmte Währung lautenden Geldschulden erfassen wollen, und solchen, die nur auf einzelne Gruppen von Schuldverhältnissen anwendbar sind; nur die erste Gruppe ist seiner Auffassung nach währungsrechtlicher Natur und daher stets anwendbar, wenn Geld in der Währung des Staates geschuldet ist, der die Vorschrift erlassen hat. Vergl. auch Harmening-Duden, S. 160, 161. Stoll, ZAIP 1956, 575 (582), neigt demgegenüber wohl zu der Auffassung, daß Umstellungsvorschriften, die dem Wertverhältnis zwischen alter und neuer Währung entsprechen, wegen

oder Schuldner beteiligt sind, die im Ausland zu erfüllen sind oder ausländischem Schuldrecht unterstehen[26].

Die Richtigkeit der genannten Regel zeigt sich besonders bei einem Wechsel von Papierwährungen. Weil hier ein Zurückgreifen auf den Metallwert ausgeschlossen ist, stellt die staatliche Umrechnungsnorm praktisch, auch bei Schuldverhältnissen mit Auslandsberührung, das einzige Mittel zur Bestimmung des Wertverhältnisses zwischen alter und neuer Währung dar.

II. Aufwertungsrecht

Der nächste Währungswechsel, der das gesamte deutsche Währungsgebiet erfaßte, vollzog sich nach der Inflation mit der Einführung der Reichsmarkwährung im Jahre 1924.

1. Überblick über das materielle Aufwertungsrecht

Bevor auf die mit der Inflation, Aufwertung und Einführung der neuen Reichsmark zusammenhängenden internationalprivatrechtlichen Fragen eingegangen wird, soll zunächst die materiell-rechtliche Entwicklung kurz skizziert werden. Nach der Einführung der Markwährung im Jahre 1873 galten zunächst nur Gold- und, in beschränktem Umfange, auch Silbermünzen als gesetzliches Zahlungsmittel. Durch Art. 3 des Gesetzes vom 1. 6. 1909[27] wurden auch die Reichsbanknoten zum gesetzlichen Zahlungsmittel erklärt. § 2 des Gesetzes vom 8. 4. 1914[28] befreite die Reichsbank „bis auf weiteres" von ihrer Verpflichtung zum Umtausch von Banknoten gegen Goldmünzen zum Nennwert. Zu einer Wiedereinführung der Goldeinlösungspflicht ist es vor dem Währungsverfall nicht wieder gekommen. Nachdem durch die Bekanntmachung vom 28. 9. 1914[29] alle Goldsicherungsklauseln in Schuldverträgen für unwirksam erklärt worden waren, mußte jeder Gläubiger Reichsbanknoten zum Nennwert annehmen, auch wenn er sich durch Vereinbarung einer Goldklausel gegen einen möglichen Währungsverfall hatte sichern wollen. Als nach dem 1. Weltkrieg der Wert der Papiermark erheblich sank, verlangten einzelne Gläubiger eine Aufwertung ihrer Papiermarkforderungen, d. h. Zahlung eines höheren Markbetrages, als nominell

ihres schuldrechtlichen Charakters den Geltungsbereich des Schuldrechts des Währungsstaates teilen.

[27] RGBl. 1909, 515.

[28] RGBl. 1914, 347.

[29] RGBl. 1914, 417.

geschuldet wurde. Die Gerichte haben zunächst unter Berufung auf das nominalistische Prinzip (Mark = Mark) dieses Verlangen abgewiesen[30]. Erst als die Geldentwertung katastrophale Ausmaße annahm, erkannte das Reichsgericht – erstmalig in der Entscheidung vom 28. 11. 1923[31] – unter Hinweis auf § 242 BGB die Verpflichtung des Schuldners zur Aufwertung seiner Papiermarkschuld an. Im Jahre 1924, als der Nennwert der Papiermarknoten bereits astronomische Ziffern erreicht hatte, wurde durch das Münzgesetz vom 30. 8. 1924[32] eine neue Währungseinheit, die Reichsmark, eingeführt. § 3 III des Bankgesetzes vom 30. 8. 1924[33] verpflichtete die Reichsbank, ihre bisherigen Noten gegen neue Reichsmarknoten umzutauschen; dabei sollte für 1 Billion Papiermark eine neue Reichsmark gezahlt werden.

In der Folgezeit wurden die alten Markforderungen weiterhin aufgewertet. Man hielt den Schuldner nach § 242 BGB für verpflichtet, dem Gläubiger einen höheren Reichsmarkbetrag zu zahlen als den Wert der alten Papiermarkschuld nach dem Umrechnungsverhältnis des § 3 III des Bankgesetzes vom 30. 8. 1924, der in den meisten Fällen nur den Bruchteil eines Reichspfennigs betragen hätte. Da der Umfang der Aufwertung in jedem Einzelfall von den Gerichten nach den besonderen Verhältnissen der Beteiligten bestimmt wurde, konnten die Gläubiger und Schuldner alter Papiermarkforderungen auch nicht annähernd voraussehen, auf welchen Betrag diese Forderungen aufzuwerten waren. Dieser Rechtsunsicherheit sollten die Aufwertungsgesetze[34] begegnen, durch die für bestimmte Gruppen von Schuldverhältnissen feste Aufwertungssätze geschaffen wurden.

2. Der räumliche Geltungsbereich des Aufwertungsrechtes

Der räumliche Geltungsbereich des deutschen Aufwertungsrechts war gesetzlich nicht festgelegt, insbesondere nicht durch § 1 des Aufwertungsgesetzes[35]. Diese Vorschrift bestimmte – soweit es hier von Interesse ist –, daß nach Maßgabe des Aufwertungsgesetzes Geldforderungen aufzuwerten seien, die auf Mark oder nicht mehr geltende

---

[30] RGZ 102, 98 ff. (16. 4. 21); RGZ 103, 384 ff. (11. 1. 22).

[31] RGZ 107, 78 ff.

[32] RGBl. 1924 II 254.

[33] RGBl. 1924 II 235.

[34] a) Dritte SteuernotVO. v. 14. 2. 1924 (RGBl. I, 74).
b) Gesetz über die Aufwertung von Hypotheken und anderen Ansprüchen v. 16. 7. 1925 (RGBl. I, 117) mit Novelle v. 9. 7. 1927 (RGBl. I, 175).
c) Gesetz über die Ablösung öffentlicher Anleihen v. 16. 7. 1925 (RGBl. I, 137).

[35] Haase, JW 1926, 2831 (2832).

inländische Währungen lauteten. Das besagte aber lediglich, daß das Aufwertungsgesetz nur Schulden in inländischer Währung und keine Fremdwährungsschulden erfaßte, zwang jedoch nicht zu der Annahme, daß das deutsche Aufwertungsrecht auf alle Markschulden anzuwenden war, gleich ob sie deutschem Schuldrecht unterlagen oder nicht. In Rechtsprechung und Schrifttum war streitig, ob das deutsche Aufwertungsrecht rein schuldrechtlicher Natur sei und daher den Geltungsbereich des deutschen Schuldrechts teile (Schuldrechtstheorie), oder ob es wegen seines unmittelbaren Zusammenhanges mit der Markentwertung auf alle Markschulden anzuwenden sei, ohne Rücksicht darauf, ob deutsches Recht auch Schuldstatut sei und der Erfüllungsort in Deutschland liege (Währungstheorie).

a) Die schuldrechtliche Anknüpfung

Für die schuldrechtliche Auffassung sprach, daß die Aufwertung die einzelnen Schuldverhältnisse zum Gegenstand hatte und nicht die Währung. Die Schuld wurde aufgewertet, nicht die Währung. Das Aufwertungsrecht hatte nicht den Nennwert des Geldes verändert, sondern den Inhalt der Schuldverhältnisse, insofern als der Schuldner zur Tilgung der Schuld einen höheren Markbetrag zahlen mußte als den nominell geschuldeten[36]. Weiter wurde zur Begründung der schuldrechtlichen Theorie angeführt, daß die Aufwertung sich aus einem privatrechtlichen Rechtsinstitut, dem Grundsatz von Treu und Glauben entwickelt hatte. Die Rechtsnatur der Aufwertung sei auch durch die Aufwertungsgesetze nicht verändert worden; die Aufwertungsgesetze seien praktisch nur Ausführungsbestimmungen zu § 242 BGB, der die Grundlage des gesamten Aufwertungsrechts bilde[37]. Die Aufwertung habe sich also nicht auf Grund des Währungsrechtes durchgesetzt, sondern gegen dieses; sie stelle einen Sieg des bürgerlichen Rechtes über das Währungsrecht dar[38]. Das Währungsrecht bestimme nur die äußere Form der Geldzeichen und den Nennwert des Geldes; ein Ausgleich für die Härten, die die Durchführung des nominalistischen Prinzips im Währungsrecht mit sich bringe, könne aber nicht auf Grund des Währungsrechtes, sondern nur mit Hilfe des Schuldrechtes gefunden werden[39].

---

[36] Neumeyer, JW 1928, 137; Schlegelberger, ZAIP 1929, 869 (872); Stoll, ZAIP 1956, 575 (587 f.); Melchior, JW 1926, 2345 (2346).

Lordrichter Atkin in Anderson v. Equitable Assurance Society of the United States [1926] 134 LT. 557/566 (inhaltlich auch mitgeteilt bei Mann, Das Recht des Geldes, S. 234).

[37] Schlegelberger, ZAIP 1929, 869 (874 f.); Blumenthal in Anm. zur Entsch. des RG vom 5. 3. 1928, JW 28, 1806.

[38] Melchior, JW 1926, 2345 (2346).

[39] Mann, The legal Aspect, S. 238; Mann, Das Recht des Geldes, S. 231.

Es wurde auch behauptet, die währungsrechtliche Theorie, nach der alle Markforderungen dem deutschen Aufwertungsrecht unterliegen, führe zu einem Bruch mit der bisherigen deutschen Rechtsprechung, die nach der Einführung der Markwährung im Jahre 1873 die deutschen Umrechnungsvorschriften nur auf im Inland zu erfüllende Schuldverhältnisse angewandt habe[40]. Diese Behauptung ist aber schon deshalb unrichtig, weil das Reichsgericht in seiner Entscheidung vom 9. 2. 1887[41] im Ergebnis die deutschen Umrechnungsvorschriften auch auf ein im Ausland zu erfüllendes Schuldverhältnis angewandt hat. Wie bereits erwähnt, entsprach die deutsche Rechtsprechung zu Art. 14 RMünzG vom 9. 7. 1873, zumindest im Ergebnis, der Regel, daß bei einem Währungswechsel alle Geldforderungen, die auf die untergegangene Währung lauteten, den gesetzlichen Umrechnungsvorschriften des Staates unterliegen, der die neue Währung eingeführt hat. Wenn aus dieser Rechtsprechung überhaupt etwas für den Geltungsbereich des deutschen Aufwertungsrechts hergeleitet werden kann, dann nur, daß das deutsche Aufwertungsrecht, wie die währungsrechtliche Theorie annimmt, auf alle Markschulden anzuwenden ist.

Während die Aufwertung im allgemeinen dem Ausgleich der Verluste diente, die die Gläubiger von Markforderungen durch die Geldentwertung erlitten hatten, bezweckten die meisten der in den Aufwertungsgesetzen enthaltenen Bestimmungen die Beseitigung der in der deutschen Wirtschaft herrschenden Unsicherheit und Unruhe, die darauf beruhte, daß der Umfang der Aufwertung von Fall zu Fall durch die Gerichte bestimmt wurde und für die Beteiligten nicht voraussehbar war[42]. Dies galt insbesondere für die Verfahrensvorschriften und diejenigen Bestimmungen, die – wie die Vorschriften über die Aufwertung von Vermögensanlagen, Hypotheken, Grundschulden und hypothekarisch gesicherten Forderungen – im Interesse einer schnellen Durchführung des Aufwertungsverfahrens feste Aufwertungssätze für bestimmte Gruppen von Rechtsverhältnissen vorsahen. Daneben enthielten die Aufwertungsgesetze auch Vorschriften, die fast ausschließlich dem Schutz der vom Währungsverfall besonders stark betroffenen Wirtschaftszweige und Personengruppen vor untragbaren Aufwertungslasten dienten; diese Vorschriften sahen für bestimmte Kategorien von Aufwertungsschuldnern entweder besonders niedrige Aufwertungssätze vor[43] oder stellten sie gar völlig von der Verpflichtung zur Aufwertung frei[44]. Die im Folgenden ent-

[40] Melchior, JW 1926, 2345 (2346).

[41] RGZ 19, 47.

[42] RG 18. 2. 1926, JW 1926, 1321; KG 21. 9. 1927, JW 1928, 2032; Haase, JW 1926, 354 (355).

[43] § 60 Aufw.G für Versicherungsansprüche.

[44] § 66 Aufw.G für Darlehnsschulden von Banken.

haltenen Ausführungen über den Zweck der Aufwertungsgesetze und ihren räumlichen Geltungsbereich betreffen nur die zuerst genannten, eigentlichen Aufwertungsvorschriften; die Schuldnerschutzbestimmungen der Aufwertungsgesetze sollen in einem späteren Kapitel behandelt werden.

Der Zweck der Aufwertungsbestimmungen wurde zwar meist zur Begründung der währungsrechtlichen Theorie herangezogen; mit dem Zweck der Aufwertungsgesetze hat man aber auch die schuldrechtliche Theorie zu begründen versucht. Dabei wurde ausgeführt[45], die deutsche Aufwertungsgesetzgebung könne nur auf die deutschem Recht unterliegenden Schuldverhältnisse angewandt werden, da sie als ein gewaltsamer Behelf zur Beruhigung der deutschen Wirtschaft nur für die Beteiligten gelten könne. Beteiligt in diesem Sinne seien alle, die Markschulden im Rahmen der deutschen Wirtschaft – juristisch gesehen, unter der Herrschaft des deutschen Schuldrechts – eingegangen seien. Dabei wurde aber übersehen, daß von der Geldentwertung und der durch die kasuistische Aufwertung verursachten Unsicherheit nicht nur die deutschem Schuldrecht unterliegenden, sondern alle Markschulden betroffen wurden. Der Versuch, mit Hilfe des Zweckes der Aufwertungsgesetzgebung die schuldrechtliche Theorie zu begründen, überzeugt daher nicht.

Zur Begründung der schuldrechtlichen Theorie ließ sich also im wesentlichen nur die Zugehörigkeit der Aufwertungsregeln zum Privatrecht anführen. Der privatrechtliche Charakter der Aufwertung ergab sich einerseits aus ihrem privatrechtlichen Ursprung (Treu und Glauben); er zeigte sich andererseits auch in ihren Wirkungen, insofern, als durch die Aufwertung der Inhalt der Schuldverhältnisse geändert wurde. Angesichts des Ursprungs und der privatrechtlichen Auswirkungen der Aufwertung dürfte es kaum zu bezweifeln sein, daß das Aufwertungsrecht rechtssystematisch dem Schuldrecht angehörte, nicht dem öffentlichen Währungsrecht[46]. Das öffentliche Währungsrecht umfaßt nämlich nur die Bestimmungen über Gestalt, Beschaffenheit und Nennwert des Geldes, über Annahmezwang und die Verpflichtung der Notenbank zur Einlösung der Banknoten[47]. Das Aufwertungsrecht veränderte aber nicht den Nennwert des Gel-

---

[45] Reichel in Anm. zur Entsch. des schweiz. BG vom 3. 7. 1928, JW 1928, 3146 (3148).

[46] So außer den Vertretern der schuldrechtlichen Theorie: Neumeyer, JW 1928, 137 (140); Neumeyer, Internationales Verwaltungsrecht, III, 2, S. 368.

[47] Raape, IPR, § 52 IV 1, S. 533—535; Mann, The legal Aspect, S. 238; Mann, Das Recht des Geldes, S. 231; Neumeyer, JW 1928, 137 (141); Neumeyer, Internationales Verwaltungsrecht, III, 2, S. 369.

des, sondern den Inhalt der von der Geldentwertung betroffenen Schuldverhältnisse.[48].

Die schuldrechtliche Natur des Aufwertungsrechts zwingt jedoch keineswegs zu der Annahme, daß sein räumlicher Geltungsbereich mit dem des Schuldrechts des Währungsstaates übereinstimmt[49]. Es ist nämlich nichts Außergewöhnliches, daß der räumliche Geltungsbereich schuldrechtlicher Normen wegen ihres Zusammenhanges mit einem anderen Rechtskomplex nach den für diesen Rechtskomplex geltenden Regeln des Kollisionsrechts zu bestimmen ist und nicht nach den Vorschriften des internationalen Schuldrechts. Ob beispielsweise im Einzelfall die §§ 1041, 1047 und 1051 BGB, die schuldrechtliche Nebenpflichten des Nießbrauchers normieren, anzuwenden sind, bestimmt nicht die für die Ermittlung des Schuldstatuts, sondern die für den Nießbrauch maßgebliche Kollisionsnorm, da die schuldrechtlichen Nebenpflichten des Nießbrauchers wie die aus dem Nießbrauch hervorgehenden Sachenrechte nach der lex rei sitae zu beurteilen sind[50].

Sind aber Aufwertungsfragen nicht wegen des schuldrechtlichen Charakters der Aufwertung notwendigerweise nach dem Schuldstatut zu beurteilen, so bestehen keine Bedenken, die Aufwertung dem Währungsstatut (d. h. dem Recht des Staates, auf dessen Währung die aufzuwertenden Geldforderungen lauten) zu unterstellen, falls dies dem Zweck des Aufwertungsrechtes besser entspricht.

b) Die währungsrechtliche Anknüpfung

Während die Vertreter der schuldrechtlichen Anknüpfung das Wesen der Aufwertung in ihren Auswirkungen auf die einzelnen aufzuwertenden Schuldverhältnisse sahen, verwiesen die Befürworter einer Anknüpfung an das Währungsstatut auf den inneren Zusammenhang zwischen Aufwertungsrecht und Währungsrecht. Währungsrechtliche Maßnahmen, wie die Einführung des Annahmezwanges und Zwangskurses für Reichsbanknoten (und Reichskassenscheine), ferner die Aufhebung der Verpflichtung der Reichsbank zum Umtausch der Banknoten gegen Goldmünzen, hatten die katastrophale Entwertung der Mark ermöglicht[51]. Das deutsche Aufwertungsrecht hatte seinen Grund in diesem Währungsverfall[52]. Es bezweckte die Milde-

---

[48] Vgl. oben Seite 13.

[49] Neumeyer, Internationales Verwaltungsrecht, III, 2, S. 368.

[50] Raape, IPR, § 62 C, S. 633. Das Beispiel stammt von Neumeyer, Internationales Verwaltungsrecht, III ,2, S. 369.

[51] Neumeyer, JW 1928, 137 (141); Neumeyer, Internationales Verwaltungsrecht, III, 2, S. 369.

[52] RG 6. 4. 1925, JW 25, 1986; Mügel, Aufwertungsrecht, S. 247.

rung der Schäden, die den Gläubigern von Markforderungen durch die Geldentwertung entstanden waren[53]. Stellte das Aufwertungsrecht aber seinem Zweck nach eine Ergänzung des Währungsrechts dar, so mußte es auch den räumlichen Geltungsbereich des Währungsrechts teilen[54].

Aufwertungsgesetze kommen gänzlich unabhängig von der Natur des Schuldverhältnisses zur Geltung; für ihre Anwendung ist es gleichgültig, ob es sich bei der aufzuwertenden Forderung um eine Kaufpreisschuld, einen Deliktsanspruch oder eine sonstige Geldforderung handelt. Haben die inländischen Gerichte beispielsweise über einen Kaufvertrag zu entscheiden, der ausländischem Schuldrecht untersteht, so ist fremdes Kaufrecht anzuwenden, weil der fremde Staat als nächstberufen gilt, den Ausgleich zwischen den Parteien nach kaufrechtlichen Gesichtspunkten vorzunehmen. Lautet die Kaufpreisforderung dabei auf die inländische Währung, so führt das Schicksal der Währung, nicht die Abwägung kaufrechtlicher Interessen zu einem Eingreifen der Aufwertungsgesetze[55].

Bei konsequenter Durchführung der schuldrechtlichen Anknüpfung, die dem inneren Zusammenhang zwischen Währungsverfall und Aufwertung nicht genügend Rechnung trägt, kommt man zu sehr unbefriedigenden Ergebnissen. Die meisten Staaten kennen kein Aufwertungsrecht. Nur Staaten, die von einem Währungsverfall betroffen wurden, hatten Veranlassung zur Durchbrechung des nominalistischen Prinzips und Schaffung eines Aufwertungsrechts[56]; selbst diese Staaten scheuten aber oft vor der Einführung eines Aufwertungsrechts zurück, weil sie das Eingeständnis des Verfalls der eigenen Währung bedeutete[57]. Würde man Aufwertungsfragen nach dem Schuldstatut beurteilen, so wäre die Aufwertung stets zu versagen, wenn das maßgebliche Schuldstatut keine Aufwertung kennt. Da nach dem Recht der meisten Staaten auch entwertete Geldforderungen zum Nennwert getilgt werden können, wären von den fremdem Schuldstatut unterliegenden Markforderungen nur die wenigsten aufzuwerten gewesen.

Soweit fremde Staaten ein Aufwertungsrecht kennen, ist dies jeweils auf die Besonderheiten ihrer eigenen Währung abgestimmt; seine Grundsätze passen daher nicht ohne weiteres für die Aufwertung von Forderungen, die auf eine andere Währung lauten[58]. Aus

---

53 Neumeyer, JW 1928, 137 (141); Neumeyer, Internationales Verwaltungsrecht, III, 2, S. 369.

54 Neumeyer, JW 1928, 137 (141); Nußbaum, Das Geld, S. 143 f.

55 Neumeyer, Internationales Verwaltungsrecht, III, 2, S. 370.

56 Neumeyer, Internationales Verwaltungsrecht, III, 2, S. 370.

57 Neumeyer am in Fußn. 56 angegebenen Ort.

58 Eckstein, S. 120; vgl. auch RG 6. 4. 1925, JW 25, 1986; Staudinger-Raape, Art. 30 EG BGB, Anm. Q VIII β.

diesem Grunde beschränkten auch alle Staaten, die Aufwertungsgesetze erließen, deren Anwendung auf die eigene Währung[59].

Allerdings hielten es auch die meisten Befürworter der schuldrechtlichen Anknüpfung für untragbar, sämtliche Markforderungen nicht aufzuwerten, die nach dem maßgeblichen Schuldstatut eines fremden Staates nicht aufwertbar waren. Sie wandten daher auf solche Markforderungen mit Hilfe des ordre public das deutsche Aufwertungsrecht an, jedoch nur dann, wenn am Schuldverhältnis Deutsche als Gläubiger beteiligt waren[60]. Falls die entwerteten Markforderungen ausländischen Gläubigern zustanden, war es nicht möglich, über Art. 30 EG BGB zur Anwendung des deutschen Aufwertungsrechts zu gelangen, weil die Anwendung des Art. 30 EG BGB eine Inlandsberührung voraussetzt, die man bei Ausländern zustehenden Forderungen nicht für gegeben erachtete[61]. Es war aber durch nichts gerechtfertigt, ausländischen Gläubigern, deren Markforderungen dem Schuldrecht ihres Heimatstaates unterlagen und nach diesem Recht nicht aufwertbar waren, die Aufwertung zu versagen. Die Markforderungen dieser ausländischen Gläubiger waren nämlich in gleichem Umfang von der Geldentwertung betroffen worden wie die Markforderungen inländischer Gläubiger. Man hat zwar gesagt, die ausländischen Gläubiger, die nicht unter deutschem Recht kontrahiert hätten, müßten die Nachteile ihrer heimatlichen Gesetzgebung, die kein Aufwertungsrecht kenne, selbst tragen[62]. Diese Auffassung ist aber unbillig. Staaten mit gesunder Währung hatten keine Veranlassung, ein Aufwertungsrecht zu schaffen. Es wäre wirklichkeitsfremd gewesen, zu erwarten, daß sie Aufwertungsvorschriften für fremde entwertete Währungen erließen. War aber überhaupt nicht zu erwarten, daß Staaten mit gesunder Währung Aufwertungsvorschriften eigens für entwertete Fremdwährungsschulden erließen, so durfte das Fehlen eines Aufwertungsrechts in jenen Staaten billigerweise nicht ihren Angehörigen zum Nachteil gereichen.

Da das deutsche Aufwertungsrecht dem Zweck diente, die durch die Markentwertung entstandenen Verluste auszugleichen, war es auf alle Markschulden anzuwenden, gleich ob sie deutschem Schuldstatut unterlagen oder nicht. Der schuldrechtliche Charakter der Aufwertungsvorschriften verbot diese Anknüpfung ebensowenig, wie

---

[59] Neumeyer, JW 1928, 137 (140).

[60] OLG München, 19. 5. 1927, ZRpfl.Bay 1927, 360 II; RG 25. 6. 1926, JW 26, 2367; Melchior, JW 1926, 2345 (2347); vergl. auch Raape, IPR, § 52 IV 1 b, S. 535. — A. A.: OLG Kiel, 12. 12. 1925, JW 1925, 617 (618): Die Anwendung ausländischen Rechtes, das keine Aufwertung kennt, verstößt nicht gegen den ordre public.

[61] OLG Dresden, 28. 3. 1927, IPRspr. 1926/27, Nr. 9; OLG Stettin, 22. 2. 32, IPRspr. 1932, Nr. 35; Melchior, JW 1926, 2345 (2346).

[62] So z. B. OLG Dresden, 28. 3. 1927, IPRspr. 1926/27, Nr. 9.

die schuldrechtliche Natur der Nebenpflichten des Nießbrauchers deren Beurteilung nach der für den Nießbrauch maßgeblichen lex rei sitae hindert.

Daß es unrichtig war, bei der Bestimmung des räumlichen Geltungsbereiches des Aufwertungsrechts nur dessen Zugehörigkeit zum Schuldrecht zu berücksichtigen, nicht aber auch den inneren Zusammenhang zwischen Aufwertung, Währungsverfall und Volkswirtschaft, zeigt sich vor allem, wenn man den besonderen wirtschaftspolitischen Zweck der Aufwertungs*gesetze* betrachtet. Durch die Aufwertungsgesetze wurden für bestimmte Gruppen von Schuldverhältnissen feste Aufwertungssätze vorgeschrieben; ferner wurden bei den Gerichten Aufwertungsstellen eingerichtet, die unter Anwendung besonderer Verfahrensvorschriften bei Streitigkeiten über die Aufwertung der unter das Aufwertungsgesetz fallenden Schuldverhältnisse entschieden. Die Bereinigung des Aufwertungsrechts, die Einrichtung von Aufwertungsstellen und die Vereinfachung des Verfahrensrechts für Aufwertungsstreitigkeiten dienten dem Zweck, die Steuer- und Kreditunterlagen der deutschen Volkswirtschaft, wie z. B. Grundstücke, die nach dem Zusammenbruch der Markwährung dem Wiederaufbau der öffentlichen Haushalte, sowie dem Kreditbedarf notwendig zur Verfügung stehen mußten, von den ungeklärten Aufwertungslasten schnell zu befreien[63].

Aus diesem besonderen Zweck der gesetzlichen Aufwertungsvorschriften ließen sich allerdings nicht unmittelbar Folgerungen für die internationalprivatrechtliche Behandlung des *gesamten Aufwertungsrechts* ziehen. Auch war eine verschiedene Behandlung der Aufwertung im internationalen Privatrecht, je nachdem, ob es sich um die Anwendung des Gewohnheitsrechts oder der Aufwertungsgesetze handelte, mit Recht als willkürlich zurückgewiesen worden[64]. Mittelbar konnte jedoch auch der Zweck der Aufwertungs*gesetze* bei der Ermittlung des räumlichen Geltungsbereiches des gesamten Aufwertungsrechts berücksichtigt werden; denn er zeigte, daß das gesamte Aufwertungsrecht, auch das Gewohnheitsrecht, trotz seines schuldrechtlichen Charakters umfangreiche volkswirtschaftliche Auswirkungen hatte, wie sie andere Schuldrechtsnormen nicht äußern. Der besondere Zweck der Aufwertungsgesetze bestätigte somit die Richtigkeit der währungsrechtlichen Anknüpfung[65], durch die gerade dem inneren Zusammenhang zwischen Aufwertungs-, Wirtschafts- und Währungsrecht Rechnung getragen wurde.

Der Streit, ob Aufwertungsfragen nach dem Währungsstatut oder dem Schuldstatut zu beurteilen sind, ist niemals endgültig entschie-

---

[63] RG 18. 2. 1926, JW 1926, 1321; KG 21. 9. 1927, JW 28, 2032; Haase, JW 1926, 354 (355); vgl. auch KG 2. 6. 1927, JW 1927, 3015/1.

[64] Blumenthal in Anm. zur Entsch. des RG vom 5. 3. 1928, JW 28, 1806.

[65] Vgl. KG 21. 9. 1927, JW 28, 2032.

den worden. In Deutschland vertraten Rechtsprechung und Schrifttum überwiegend die schuldrechtliche Auffassung[66]. Dabei ist allerdings zu bedenken, daß die Gerichte häufig über deutschem Schuldrecht unterliegende Markforderungen zu entscheiden hatten und bei derartigen Forderungen auch vom Standpunkt der schuldrechtlichen Theorie zu billigen Ergebnissen kamen. Aber auch die währungsrechtliche Anknüpfung wurde nicht nur vereinzelt befürwortet[67]. Im Schrifttum forderten die währungsrechtliche Anknüpfung insbesondere die Autoren, die sich speziell mit Fragen des Aufwertungs- und Währungsrechtes befaßten[68]. Die Rechtsprechung blieb uneinheitlich, solange die Gerichte Aufwertungsfragen zu entscheiden hatten[69]. Die währungsrechtliche Auffassung ist in der deutschen Rechtsprechung niemals ausdrücklich aufgegeben worden; im Gegenteil folgten ihr mehrfach die obersten Gerichte gerade in den späteren Entscheidungen[70]. Es kann also nicht die Rede davon sein, daß sich die deutsche

---

[66] Ein ausführlicher Katalog der deutschen Gerichtsentscheidungen, in denen die schuldrechtliche Theorie vertreten wurde, findet sich bei Melchior, Grundlagen des deutschen IPR, S. 300, Anm. 1 (Entscheidungen betr. Markschulden) und S. 296, Anm. 2 (Entscheidungen betr. Geldschulden in ausländischer Währung). — Vertreter der schuldrechtlichen Theorie im Schrifttum: Frankenstein, Bd. II, S. 222 f.; Raape, IPR, § 52 IV 1, S. 533—535; Melchior, Grundlagen des deutschen IPR, S. 295 ff.; Wolff, § 30 II 2, S. 160 f.; Soergel-Kegel, Vorbem. 530 vor Art. 7 EG BGB; Quassowski, S. 52; Schlegelberger-Harmening, Aufwertungsgesetz, S. 159; Neukirch, S. 45; Schlegelberger, ZAIP 1929, 869 (872 ff.); Melchior, JW 1926, 2345 (2346); Reichel in Anm. zur Entsch. des schweiz. BG vom 3. 7. 1928, JW 1928, 3146 (3148); Henrychowski in Anm. zur Entsch. des LG Königsberg vom 18. 2. 1927, JW 1927, 3019 (3020 f.); Stoll, ZAIP 1956, 575 (587); Mann, The legal Aspect, S. 238; Mann, Das Recht des Geldes, S. 232.

[67] Eine fast erschöpfende Zusammenstellung der deutschen Gerichtsentscheidungen, in denen der währungsrechtlichen Auffassung gefolgt wurde, findet sich bei Melchior, Grundlagen des deutschen IPR, S. 301, Anm. 1 und 2; entgegen der Auffassung von Melchior dürften auch die Entscheidungen des RG vom 10. 5. 1928 (IPRspr. 1928, Nr. 82, S. 126) und vom 5. 7. 1928 (IPRspr. 1928, Nr. 83, S. 128) uneingeschränkt für die währungsrechtliche Theorie anzuführen sein, da sie vorwiegend auf dieser Theorie beruhen. Der währungsrechtlichen Auffassung folgte auch das LG Berlin I in der Entscheidung vom 28. 3. 1929, IPRspr. 1932, Nr. 118.

[68] Neumeyer, JW 1928, 137 (insbes. 140 f.); Neumeyer, Internationales Verwaltungsrecht, III, 2, S. 368—373; Nußbaum, Das Geld, S. 143 f.; Nußbaum, JW 1928, 327 und JW 1925, 1986 f. (Anm. zu den Entsch. des RG vom 3. 1. 1925 und 6. 4. 1925); Eckstein, S. 121 f.; Nußbaum, IPR, S. 255; Lewald, S. 30; Henrychowski in Anm. zur Entscheidung des RG vom 5. 3. 1928, JW 1928, S. 1208; Pomplitz in Anm. zur Entscheidung des RG vom 27. 1. 1928, JW 1928, S. 1199.

[69] Vgl. Neumeyer, Internationales Verwaltungsrecht, III, 2, S. 359.

[70] RG 2. 2. 1931, IPRspr. 1931, Nr. 165; RG 9. 2. 1931, IPRspr. 1931, Nr. 117; KG 24. 9. 1931, IPRspr. 1931, Nr. 36.

Rechtsprechung nach einigem Schwanken der schuldrechtlichen Theorie angeschlossen habe[71].

c) Die kollisionsrechtliche Behandlung des Aufwertungsrechts im Ausland

Soweit im Ausland zur Frage der internationalprivatrechtlichen Behandlung des Aufwertungsrechts Stellung genommen wurde, geschah dies meist im Sinne der Schuldrechtstheorie[72]. Lediglich die schweizerische Rechtsprechung folgte teilweise der währungsrechtlichen Theorie, indem sie das deutsche Aufwertungsrecht auch auf schweizerischem Schuldrecht unterliegende Markforderungen anwandte. Zur Begründung führte das schweizerische Bundesgericht in seiner Entscheidung vom 3. 7. 1928[73] aus: Wenn das Schuldverhältnis auch im ganzen dem schweizer Recht unterliege, so hätten die Parteien doch durch die Wahl der deutschen Währung zu erkennen gegeben, daß sie sich dem deutschen Währungsrecht und damit auch dem deutschen Aufwertungsrecht unterwerfen wollten. Hinsichtlich der Frage, in welchem Betrage ein von der Geldentwertung betroffenes Markdarlehn zurückzuzahlen sei, müsse auf den Parteiwillen, bzw. auf den hypothetischen Parteiwillen abgestellt werden. Wenn die Parteien eine Schuld in fremder Währung ausgedrückt hätten, so wollten sie auf das Währungsrecht des betreffenden Staates als lex contractus insoweit abstellen, als sich darnach bestimmen solle, was begrifflich unter dem Leistungsgegenstand zu verstehen sei. Der in Papiermark kontrahierende Darlehnsschuldner habe zwar wohl in gewissem Umfang mit Kursschwankungen rechnen müssen, nicht aber mit einer völligen Währungsentwertung, wie sie durch die übertriebene Schaffung von Papiergeld herbeigeführt worden sei.

---

[71] Unrichtig daher Raape, IPR, § 52 IV 1, S. 534.

[72] Z. B. in England: Anderson v. Equitable Assurance Society of the United States [1926] 134 L. T. 557 (weitere Fundstelle: Fußn. 36); Dicey, S. 889; vgl. im übrigen Mann, The legal Aspect, S. 241 ff. und Das Recht des Geldes, S. 234 ff.

Österreich: OGH Wien, 24. 4. 1927, JW 27, S. 1889.

Schweiz: Schnitzer, II, S. 772 f.; siehe aber Schweiz. BG, unten Fußn. 73.

Niederlande: Hooge Raad 2. 1. 1931, Weekbl. 12 259; Hof's Gravenhage, 8. 6. 1931, Weekbl. 12 338; Hof Leeuwarden, 21. 11. 1934, Weekbl. 12 905; weitere niederländische Entscheidungen sind zitiert bei Sack/Meyer-Collings, S. 272—277.

In Frankreich wurde die Anwendung deutschen Aufwertungsrechts mit der Begründung abgelehnt, daß die Berücksichtigung ausländischer Gesetze, die mit rückwirkender Kraft in Schuldverhältnisse eingriffen, dem ordre public (Schutz wohlerworbener Rechte) widerspreche; Trib. civ. de la Seine, 26. 5. 1936, Nouvelle Rev. de droit int. priv. III (1936), 551 ff. (es handelte sich um einen Fall der rückwirkenden Aufwertung nach § 15 Abs. 1 Satz 1 Aufw. G).

Nachdem das Deutsche Reich die durch diese Papiergeldinflation verursachten, unhaltbaren Wirtschaftserscheinungen für gewisse Gebiete des privatrechtlichen Verkehrs durch die Aufwertungsgesetzgebung zurückgebildet habe, könne in der Parteiverweisung auf das deutsche Währungsrecht, als Vertragsrecht, bei Auslegung nach Treu und Glauben (Art. 2 ZGB) auch eine Beziehung auf das in dasselbe eingreifende Aufwertungsrecht gefunden werden, die es dem schweizerischen Richter gestatte, das letztere aus dem Gesichtspunkt der lex contractus heranzuziehen.

Das Schweizerische Bundesgericht folgert die Notwendigkeit, das deutsche Aufwertungsrecht auf alle entwerteten Markschulden anzuwenden, zwar nicht unmittelbar aus dessen Zweck; es gelangt zur Anwendung des deutschen Aufwertungsrechts auf alle Markschulden vielmehr auf dem Umweg über den mutmaßlichen Parteiwillen. Indem das Schweizerische Bundesgericht aber die Verweisung auf das deutsche Währungsrecht, die in der Vereinbarung der deutschen Währung enthalten ist, auf das deutsche Aufwertungsrecht mitbezieht, erkennt es an, daß das Aufwertungsrecht wegen seines inneren Zusammenhanges mit dem Währungsrecht dessen räumlichen Geltungsbereich teilen muß. Im Kern entspricht die Entscheidung des Schweizerischen Bundesgerichts also der Währungstheorie, wenn das Gericht in der Begründung der Entscheidung auch einen besonderen Weg geht.

d) Aufwertung von Grundpfandrechten

Während die internationalprivatrechtliche Behandlung der Aufwertung bei Geldforderungen streitig war, beurteilte eine fast eineinhellig herrschende Auffassung die Aufwertung von Grundpfandrechten nach der lex rei sitae. Zur Begründung wurde darauf hingewiesen, daß die lex rei sitae für alle Rechte an Grundstücken maßgeblich ist[74].

Richtiger ist es aber wohl, auch die Aufwertung von Grundpfandrechten dem Währungsstatut zu unterstellen[75]. Wenn das Aufwertungsrecht den räumlichen Geltungsbereich des Währungsrechts teilen muß, weil es seinem Zweck nach eine Korrektur des Währungs-

---

[73] BG 54 II 314 (316—318) = JW 1928, 3145 (3146).

[74] Ständige Rechtsprechung, vgl. RG 2. 2. 1931, IPRspr. 1931, Nr. 65; OLG Dresden 9. 4. 1926, IPRspr 26/27, Nr. 60; LG Königsberg, 18. 2. 1927, JW 27, 3019/2; Mügel, JW 1927, 2979; Schlegelberger-Harmening, Aufwertungsgesetz, S. 159 f.; Haase, JW 1926, 354 (355); Henrychowski in Anm. zur Entsch. des LG Königsberg vom 18. 2. 1927, JW 1927, 3019; Harmening, JW 1925, 1698; Quassowski, S. 52.

[75] Neumeyer, JW 1928, 137 (141 f.) und Internationales Verwaltungsrecht, III, 2, S. 372.

rechts darstellt, dann gilt dies für alle Geldansprüche, für Grundpfandrechte ebenso wie für Forderungen. Da Grundpfandrechte meist nur in der Währung des Staates, in dem das Grundstück belegen ist, begründet werden können, wird sich in aller Regel die Aufwertung von Grundpfandrechten nach der lex rei sitae richten. Soweit aber einzelne Staaten die Einrichtung von Fremdwährungshypotheken und -Grundschulden zulassen, bestehen keine Bedenken gegen die Aufwertung solcher Grundpfandrechte nach dem Recht des Währungsstaates.

Insbesondere bedeutet es keinen unzulässigen Eingriff in die Territorialhoheit fremder Staaten, – beispielsweise – das deutsche Aufwertungsrecht auf Markhypotheken und -Grundschulden anzuwenden, die an ausländischen Grundstücken bestellt sind. Wenn man der währungsrechtlichen Auffassung folgt, wendet man das deutsche Aufwertungsrecht ja auch unbedenklich auf ausländischem Schuldrecht unterliegende Markforderungen zwischen Ausländern an. In beiden Fällen rechtfertigt sich die Anwendung des Aufwertungsrechts des Währungsstaates auf im Ausland belegene Rechtsverhältnisse daraus, daß das für Aufwertungsfragen maßgebliche Anknüpfungsmoment, die Währung, auf das Recht des Währungsstaates verweist.

3. Der räumliche Geltungsbereich der in den Aufwertungsgesetzen enthaltenen Schuldnerschutzbestimmungen

Neben den Vorschriften, die – wie die Bestimmungen über die Aufwertung von Hypotheken, Hypothekenforderungen, Grundschulden und Vermögensanlagen – eine rasche und reibungslose Abwicklung der Aufwertung sicherstellen sollten, enthielten die Aufwertungsgesetze auch Schutzbestimmungen zugunsten der vom Währungsverfall besonders hart betroffenen Personen- und Wirtschaftsgruppen. Hierher gehörten insbesondere die Vorschriften über die Aufwertung von Versicherungsansprüchen, Industrieobligationen, öffentlichen Anleihen, ferner der in § 15 Satz 2, Ziff. 2 des Aufwertungsgesetzes enthaltene Ausschluß der rückwirkenden Aufwertung[76] zugunsten der Schuldner von Hypothekenforderungen, die gegen den Eigentümer eines im abgetretenen Gebiet belegenen Grundstücks keinen Regreß nehmen konnten. Der Schutzcharakter der genannten Vorschriften ist auch bei der Bestimmung ihres räumlichen Geltungs-

[76] Unter rückwirkender Aufwertung ist die Aufwertung von Forderungen zu verstehen, die bereits vor dem 14. 2. 1924 erfüllt wurden, ohne daß sich der Gläubiger bei Annahme der Leistung das Recht vorbehielt, einen Ausgleich für den erlittenen Währungsverlust zu fordern.

bereichs berücksichtigt worden. Insbesondere hat die Rechtsprechung diese Vorschriften nicht zugunsten von Markschuldnern angewandt, die ihr Vermögen weitgehend in ausländischer Währung angelegt hatten, vom Verfall der Markwährung nicht sehr stark betroffen wurden und daher eines weitgehenden Schutzes nicht bedurften; die Anwendung der besonderen Schutzvorschriften ist bei Fehlen des Schutzbedürfnisses auch dann versagt worden, wenn das Schuldverhältnis deutschem Recht unterlag.

a) Die Vorschriften über die Aufwertung von Versicherungsansprüchen

Nach Art. 115 der 2. Durchführungsverordnung zum Aufwertungsgesetz vom 29. 11. 1925[77] sollten die Art. 95–114 dieser Verordnung, die die Aufwertung von Versicherungsansprüchen betrafen, auf Ansprüche aus Lebensversicherungsverträgen mit ausländischen, nicht unter Reichsaufsicht stehenden Unternehmen keine Anwendung finden. Man begründete teilweise mit dem Hinweis auf Art. 115 a. a. O., daß auch die im Aufwertungsgesetz enthaltenen Sondervorschriften über die Behandlung von Versicherungsansprüchen, §§ 59 bis 61 AufwG, nur auf Versicherungsansprüche gegen unter Reichsaufsicht stehende Gesellschaften anzuwenden seien[78].

Das Schweizer Bundesgericht entschied die Frage, ob die §§ 59 bis 61 AufwG auf einen gegen eine Basler Lebensversicherungsgesellschaft gerichteten Versicherungsanspruch anzuwenden seien, nach dem Zweck dieser Bestimmungen[79]: Ein Elsässer schloß im Jahre 1904 mit einer Basler Lebensversicherungsgesellschaft einen Leibrentenvertrag, auf Grund dessen ihm vom Jahre 1915 an je 400 Mark und 500 Schweizer Franken jährlich in Basel zu zahlen waren. Die Versicherungsprämie wurde sogleich bei Vertragsschluß gezahlt. Der Vertrag gehörte zum schweizerischen Versicherungsbestand der Gesellschaft. Von 1915 bis 1923 zahlte die Versicherungsgesellschaft den Markbetrag in Papiermark. Im Jahre 1925 klagte der Versicherungsnehmer auf Zahlung der Markrente in einem der Goldmark entsprechenden Frankenbetrage. Das Schweizer Bundesgericht lehnte die Anwendung der §§ 59–61 des Aufwertungsgesetzes ab und wertete die Versicherungsansprüche nach allgemeinen Aufwertungsgrundsätzen auf 70 % des Goldmarkbetrages auf. Zur Begründung führte das Schweizer Bundesgericht aus, die §§ 59–61 des deutschen Aufwertungsgesetzes, die die Aufwertung von Versicherungsansprüchen der streitigen Art regelten, gingen von der Voraussetzung aus,

---

[77] RGBl. I, 392.

[78] So z. B. OLG Jena, 8. 2. 1928, IPRspr. 1928, Nr. 80.

[79] Schweiz. BG, 17. 2. 1927, BG 53 II 76 (insbes. 82 ff.) = JW 27, 2349 f.

daß die Prämienreserven in deutscher Währung gebildet worden seien und trotz ihrer Aufwertung zusammen mit dem übrigen Vermögen des Versicherers nicht zur Befriedigung der Versicherungsansprüche ausreichten, wenn diese auf 100 % des Goldmarkbetrages aufgewertet würden. Diese Vorschriften müßten folglich dann außer Betracht bleiben, wenn die Prämienreserven nicht aus deutschen, sondern schweizer Werten bestünden und für sich allein schon zur Deckung der auf 100% des Goldmarkbetrages aufgewerteten Versicherungsansprüche ausreichten. Da die Prämienreserven der Beklagten zum großen Teil aus schweizer Werten bestünden, könne der Beklagten eine höhere Aufwertung zugemutet werden als die, die angemessen wäre, wenn die Beklagte ihre Prämienreserven oder gar ihr ganzes Vermögen in deutschen Werten angelegt hätte. Allerdings müsse berücksichtigt werden, daß auch die beklagte Basler Lebensversicherungsgesellschaft durch den Verfall der deutschen Markwährung Einbußen erlitten habe, weil sie die Prämienreserven für ihren deutschen Versicherungsbestand in deutschen Werten habe anlegen müssen und auch darüber hinaus noch deutsche Werte besessen habe. Eine Aufwertung auf 70 % des Goldmarkbetrages erschien dem Schweizer Bundesgericht angemessen.

Das Bezirksgericht Zürich[80] wandte dagegen auf Markforderungen aus einem deutschem Recht unterliegenden Versicherungsvertrag, die sich gegen eine schweizer Gesellschaft richteten, die Bestimmungen des deutschen Aufwertungsgesetzes an, mit der Begründung, diese Vorschriften seien kein Notrecht für die insolventen deutschen Versicherungen, sondern allgemeines deutsches Reichsrecht, das für alle vom Währungsverfall betroffenen Verbindlichkeiten gelte. In einer Anmerkung[81] wendet sich Kersting gegen diese Entscheidung; er betont, daß die §§ 59–61 wegen ihres Schutzcharakters nur auf Versicherungsverträge mit Gesellschaften angewandt werden könnten, deren Vermögen vom Währungsverfall betroffen worden sei.

Auch in der deutschen Rechtsprechung ist zur Entscheidung der Frage, inwieweit die §§ 59 ff. des Aufwertungsgesetzes auf Verträge mit ausländischen Versicherungsgesellschaften anzuwenden seien, der Zweck dieser Vorschriften herangezogen worden.

Das OLG Hamburg[82] hatte über die Klage einer Dänin zu entscheiden, die in dem an Dänemark abgetretenen Teil Nordschleswigs wohnte. Die Klägerin hatte im Jahre 1917 mit der beklagten Versicherungsgesellschaft einen Lebensversicherungsvertrag abgeschlossen. Die Klägerin war zur Zeit des Vertragsschlusses Deutsche. Vor der Abtretung Nordschleswigs stand die Beklagte unter

---

[80] Entscheidung vom 18. 2. 1926, mitgeteilt in JW 1927, 2351.
[81] JW 1927, 2351 f.
[82] Entsch. vom 16. 1. 1929, IPRspr. 1929, Nr. 115.

Reichsaufsicht und hatte einen Prämienreservefond angelegt; zur Zeit der Klageerhebung war die beklagte Versicherungsgesellschaft aus der Reichsaufsicht entlassen. Der Versicherungsvertrag unterlag dem deutschen Recht.

Das OLG Hamburg lehnte die Anwendung der allgemeinen Aufwertungsgrundsätze ab; es wandte die §§ 59 ff. AufwG zwar nicht direkt, aber analog an und begründete dies damit, daß Ansprüche gegen ausländische Versicherungsgesellschaften nach dem Grundsatz von Treu und Glauben ähnlich behandelt werden müßten wie die Ansprüche gegen deutsche Versicherungsgesellschaften, wenn es sich um ausländische Gesellschaften handle, die vor den auf Grund des Versailler Vertrages erfolgten Gebietsabtretungen der Reichsaufsicht unterstanden und einen Prämienreservefond angelegt hätten, später zwar aus der Reichsaufsicht entlassen worden seien, aber dennoch den Reservefond durch die deutsche Inflation größtenteils eingebüßt hätten. Das OLG Hamburg führte weiter aus: Wäre die Abtretung Nordschleswigs nicht erfolgt, so wäre die Beklagte nicht aus der Reichsaufsicht ausgeschieden. Dann wären aber die Ansprüche der Klägerin nach §§ 59 ff. AufwG zu beurteilen gewesen, da sie zum deutschen Bestande der Versicherung gehörten. Die Klägerin könne sich auch nicht darauf berufen, daß die Beklagte ihr gesamtes dänisches Vermögen unvermindert erhalten habe; denn das dänische Recht kenne keine Aufwertung und dem deutschen Recht sei das dänische Vermögen der Beklagten nicht unterworfen. Obwohl das OLG Hamburg dies nicht ausdrücklich ausführte, erkannte es als Zweck der §§ 59 ff. AufwG den Schutz der Versicherungsgesellschaften, die einen Prämienreservefond in deutschen Werten angelegt und durch die Inflation größtenteils verloren hatten, vor allzu hohen Aufwertungslasten. Im Hinblick auf diesen Zweck wandte es die §§ 59 ff. AufwG auch zugunsten einer aus der Reichsaufsicht ausgeschiedenen ausländischen Gesellschaft an, die einen Prämienreservefond in deutschen Werten gebildet und durch die Inflation größtenteils verloren hatte; die aufzuwertende Forderung gehörte allerdings zum ehemals deutschen Bestand der Versicherung.

Über die Revision gegen dieses Urteil entschied das Reichsgericht durch Urteil vom 20. 9. 1929[83]. Das Reichsgericht betonte, daß das Aufwertungsgesetz auf die Ansprüche der Klägerin nicht anzuwenden sei und hielt – im Gegensatz zur Berufungsinstanz – sogar eine analoge Anwendung dieser Vorschriften für verfehlt; nach Auffassung des Reichsgerichts hätte das Berufungsgericht bei seiner Entscheidung auch berücksichtigen müssen, daß die Beklagte den in dänischen Werten angelegten Teil ihres Vermögens unvermindert erhalten hatte. Das Reichsgericht sah den Zweck der §§ 59 ff. AufwG

[83] IPRspr. 1929, Nr. 116.

im Schutz der Gesellschaften, die lediglich das durch die Inflation verminderte Vermögen besaßen. Nach dieser Ansicht gehörten zum Kreis der durch die §§ 59–61 AufwG begünstigten Unternehmen nicht Gesellschaften, die – wie die Beklagte – neben dem in deutschen Werten angelegten Prämienreservefond noch Vermögen im Ausland besaßen, das der Inflation nicht zum Opfer gefallen war. Das Reichsgericht hat daher auf die Versicherungsansprüche der Klägerin die allgemeinen Aufwertungsgrundsätze angewandt.

Auch das Kammergericht vertrat in einer Entscheidung vom 28. 5. 1930[84] die Auffassung, daß die §§ 59 ff. AufwG nur auf Verträge mit Versicherungsunternehmen anzuwenden seien, die zur Zeit des Rechtsstreits der Reichsaufsicht unterstanden, nicht aber auch zugunsten der Gesellschaften, die zwar früher einmal der Reichsaufsicht unterstanden hatten, zur Zeit des Rechtsstreits aber aus der Reichsaufsicht entlassen waren[85]. Allerdings hatte in dem Fall, der der Entscheidung des Kammergerichts zu Grunde lag, die aus der Reichsaufsicht entlassene niederländische Versicherungsgesellschaft mit ihrem deutschen Versicherungsbestand auch den in deutschen Werten angelegten Prämienreservefond auf eine deutsche Gesellschaft übertragen und folglich durch den Verfall der Markwährung keine nennenswerten Einbußen erlitten. In diesem Falle waren daher die §§ 59 ff. AufwG auch dann nicht anzuwenden, wenn man die §§ 59 ff. AufwG entsprechend ihrem Zweck auch zugunsten aus der Reichsaufsicht entlassener Unternehmen anwandte, die ihren früher in deutschen Werten angelegten Prämienreservefond durch die Inflation verloren hatten.

Das OLG Jena[86] hat in einem ähnlichen Fall die Anwendung der §§ 59 ff. AufwG zugunsten eines Unternehmens, das im Jahre 1921 aus der Reichsaufsicht ausgeschieden war, mit dem Hinweis darauf abgelehnt, daß das Unternehmen seinen Prämienreservefond auf eine deutsche Gesellschaft übertragen hatte und daher die Vor-

---

[84] IPRspr. 1930, Nr. 114.

[85] Noch in einer weiteren Entscheidung des RG (13. 12. 1929, IPRspr. 1930, Nr. 108) findet sich der Satz, für die Anwendung der §§ 59 ff. AufwG komme es lediglich darauf an, ob das Versicherungsunternehmen zur Zeit des Rechtsstreits der Reichsaufsicht unterstehe; ob das Unternehmen auch zur Zeit des Vertragsschlusses schon der Reichsaufsicht unterstanden habe, sei völlig gleichgültig. Diese Entscheidung betraf jedoch den umgekehrten Fall, daß nämlich das Versicherungsunternehmen zur Zeit des Vertragsschlusses der Reichsaufsicht noch nicht unterstand, wohl aber im Zeitpunkt der Aufwertung; sie kann daher nicht ohne weiteres zur Entscheidung der Frage herangezogen werden, ob die §§ 59 ff. AufwG auch auf Verträge mit Gesellschaften anzuwenden waren, die aus der Reichsaufsicht ausgeschieden waren und den früher angelegten Prämienreservefond in der Inflation verloren hatten.

[86] Entsch. vom 8. 2. 1928, IPRspr. 1928, Nr. 80.

aussetzungen für die Anwendbarkeit der §§ 59 ff. AufwG nicht gegeben seien.

In einigen anderen Fällen[87] war darüber zu entscheiden, ob die §§ 59–61 AufwG auf alle Markforderungen aus Lebensversicherungsverträgen mit ausländischen, unter Reichsaufsicht stehenden Unternehmen anzuwenden seien, oder nur auf Ansprüche aus Verträgen, die zum deutschen Versicherungsbestand des Unternehmens gehörten und für die in Deutschland ein Prämienreservefond anzulegen war. Die Gerichte werteten nur die zum deutschen Bestand der Gesellschaften gehörenden Versicherungsansprüche nach den §§ 59 bis 61 AufwG auf. Das Kammergericht[88] führte aus, die gesetzlichen Aufwertungsbestimmungen wollten nur die Lebensversicherungsverträge ergreifen, bei denen eine Reichsaufsicht stattgefunden habe oder habe stattfinden müssen, bei denen also die Bildung eines Prämienreservefonds in Deutschland in Frage gekommen sei. Denn die Beschränkung der freien Aufwertung durch die §§ 59–61 AufwG solle ein Ausgleich dafür sein, daß nach den deutschen Gesetzen die der Reichsaufsicht unterstehenden Gesellschaften für ihren der Reichsaufsicht unterstehenden Bestand in Deutschland Anlagen gehalten hätten, deren Entwertung bei der deutschen Inflation nicht habe vermieden werden können. Für den der Reichsaufsicht nicht unterstehenden ausländischen Bestand einer ausländischen Versicherungsgesellschaft fehle es an der Möglichkeit einer zwangsläufigen Entwertung des Prämienreservefonds und damit an einem Grund für die Beschränkung der Aufwertung. Ähnliche Erwägungen stellte auch das Bayrische Oberste Landesgericht[89] an: Das deutsche Aufwertungsgesetz trage dem Umstand Rechnung, daß der Versicherer den Gegenwert in deutscher Währung erhalten habe und die Deckung für die Versicherungen in entwerteten deutschen Mitteln bestehe. Wo diese Voraussetzungen nicht zuträfen, bestehe kein Anlaß, die Sondervorschriften des Aufwertungsgesetzes anzuwenden.

Den beiden letztgenannten Entscheidungen lag ebenfalls die Annahme zugrunde, daß die §§ 59–61 AufwG den Schutz der Versicherungsunternehmen bezweckten, die in Deutschland einen Prämienreservefond anlegen mußten und diesen durch die Inflation größtenteils verloren hatten. Diese Auffassung vom Zweck der §§ 59–61 AufwG dürfte richtiger sein als die, die das Reichsgericht in der genannten Entscheidung vom 20. 9. 1929[90] vertrat und derzufolge durch die Vorschriften des Aufwertungsgesetzes nur die Unternehmen geschützt werden sollten, die lediglich das durch die Inflation entwer-

---

[87] KG 15. 4. 1931, IPRspr. 1931, Nr. 116; BayObLG 24. 6. 1931, IPRspr. 1931, Nr. 5.

[88] Entsch. vom 15. 4. 1931, IPRspr. 1931, Nr. 116.

[89] Entsch. vom 24. 6. 1931, IPRspr. 1931, Nr. 5.

[90] Vgl. oben Fußn. 83.

tete Vermögen besaßen. Denn daraus, daß der Prämienreservefond für die Bildung des Aufwertungsstockes und die Berechnung der Aufwertungsquote nach §§ 60, 61 AufwG eine entscheidende Rolle spielte, kann gefolgert werden, daß durch die §§ 59–61 des Aufwertungsgesetzes ein Ausgleich für die infolge der Inflation eingetretene Entwertung des in deutschen Werten angelegten Prämienreservefonds gewährt werden sollte.

Zusammenfassend läßt sich zu den Vorschriften über die Aufwertung von Versicherungsansprüchen sagen: Bezweckten die §§ 59-61 AufwG den Schutz der Versicherungsunternehmen, deren Prämienreservefond durch die Inflation entwertet wurde, vor allzu hohen Aufwertungslasten, so folgte daraus, daß die Vorschriften nur auf Verträge mit Versicherungsunternehmen anzuwenden waren, die der Reichsaufsicht unterstanden und zur Anlage eines Prämienreservefonds in Deutschland verpflichtet waren[91]. Aus dem Zweck der §§ 59–61 AufwG folgte weiter, daß diese Vorschriften zugunsten ausländischer Unternehmen, die nur mit einem Teil ihres Versicherungsbestandes der Reichsaufsicht unterstanden, nur dann anzuwenden waren, wenn Ansprüche aus Verträgen aufzuwerten waren, die zum deutschen Versicherungsbestand des Unternehmens gehörten, für den in Deutschland ein Prämiereservefond angelegt war. Da es nach dem Zweck der §§ 59 ff. AufwG darauf ankam, ob in Deutschland ein Prämienreservefond anzulegen war und dieser dem Währungsverfall ausgesetzt war, reichte es für die Anwendung dieser Bestimmungen aus, daß das Unternehmen hinsichtlich der aufzuwertenden Ansprüche früher einmal der Reichsaufsicht unterstand und in Deutschland einen Prämienreservefond angelegt hatte, der durch die Inflation entwertet worden war. Wirtschaftlich gesehen, standen nämlich auch ausländische Versicherungen, die trotz Ausscheidens aus der Reichsaufsicht den in deutschen Werten angelegten Prämienreservefond nicht abgestoßen und folglich durch die Inflation größtenteils verloren hatten, nicht anders da, als ausländische Unternehmen, die nur teilweise der Reichsaufsicht unterstanden. Letzteren gewährte man aber bezüglich des deutschen Versicherungsbestandes unbedenklich die Vorteile aus §§ 59 ff. AufwG, obwohl auch diese Gesellschaften ausländisches Vermögen besaßen, das von der Inflation nicht betroffen worden war.

In der Rechtsprechung wurde zwar mehrfach betont, für die Anwendung der §§ 59 ff. AufwG reiche es aus, daß eine Gesellschaft der Reichsaufsicht unterstehe und zur Bildung eines Prämienreservefonds in Deutschland verpflichtet gewesen sei; gleichgültig sei, ob die Ge-

---

[91] Dies folgt allerdings schon aus Art. 115 der 2. DVO zum AufwG vom 29. 11. 1925.

sellschaft tatsächlich einen Prämienreservefond angelegt habe[92]. Die Gerichte stützten sich dabei auf den Wortlaut des § 59 AufwG, nach dem als Versicherungsansprüche im Sinne der §§ 60, 61 AufwG Ansprüche aus Lebensversicherungsverträgen anzusehen waren, ferner die Ansprüche aus Kranken-, Unfall- und Haftpflichtversicherungsverträgen, für die vor dem 14. 2. 1924 ein Prämienreservefond im Sinne der §§ 56 ff. des Versicherungsaufsichtsgesettzes zu bilden war, mit Ausnahme von Ansprüchen aus Haftpflichtversicherungsverträgen mit unbegrenzter Deckung. Diese Rechtsprechung stand jedoch weder der Annahme entgegen, daß mit den §§ 59 ff. AufwG der Schutz der Versicherungsunternehmen bezweckt war, deren Prämienreservefonds durch die Inflation entwertet wurden, noch hinderte sie die Berücksichtigung dieses Zweckes bei der Ermittlung des räumlichen Geltungsbereiches der genannten Bestimmungen.

b) Die Vorschriften über die Aufwertung von Darlehnsforderungen gegen Banken und Geldinstitute

Durch § 66 I AufwG wurden die Banken und Geldinstitute, unbeschadet anderweitiger Vereinbarung, von der Verpflichtung zur Aufwertung ihrer Darlehnsschulden völlig freigestellt.

Das Schweizer Bundesgericht entschied durch Urteil vom 3. 7. 1928 über eine Klage, mit der die Gläubiger von Inhaberobligationen, die von einer schweizer Bank ausgegeben waren und auf Mark lauteten, Aufwertung ihrer Ansprüche begehrten. Die beklagte Bank hatte ihren Sitz im Grenzgebiet. Die Beklagte hatte ihre Aktivgeschäfte größtenteils in deutscher Währung abgewickelt und durch die Markentwertung den größten Teil ihrer Mittel verloren, so daß sie zur Einstellung und Liquidation ihres Betriebes gezwungen war. Die Ansprüche unterlagen in schuldrechtlicher Hinsicht dem schweizer Recht.

Das Schweizer Bundesgericht[93] wandte deutsches Aufwertungsrecht an und begründete dies damit, daß die Parteiverweisung auf das deutsche Währungsrecht, die in der Vereinbarung der Markwährung liege, auf das deutsche Aufwertungsrecht mitbezogen werden müsse[94]. Das Bundesgericht qualifizierte die Ansprüche der Kläger als Darlehnsforderungen und wertete sie nicht nach § 33 AufwG, sondern nach § 66 Abs. 1 a. a. O. auf; § 66 Abs. 1 AufwG, der die Banken von der Verpflichtung zur Aufwertung ihrer Darlehnsschulden freistellt, gehe als lex specialis der Vorschrift über die Aufwer-

---

[92] RG 13. 12. 1929 IPRspr. 1930, Nr. 108; ebenso die Vorinstanz, OLG Hamburg 12. 2. 1929, IPRspr. 1929, Nr. 117; KG 15. 4. 1931, IPRspr. 1931, Nr. 116.

[93] Entsch. vom 3. 7. 1928, BG 54 II, 314 ff. = JW 1928, 3145.

[94] Ausführliche Darlegung der Begründung: Oben, S. 21 f.

tung von Inhaberschuldverschreibungen (§ 33 AufwG) vor, wenn über die Aufwertung von Schuldverschreibungen zu entscheiden sei, die eine Bank ausgegeben habe.

Das Schweizer Bundesgericht erörterte eingehend die Frage, ob § 66 Abs. 1 AufwG zugunsten der Beklagten, die ihren Sitz in der Schweiz hatte, uneingeschränkt anwendbar sei und nicht aus Gründen der Billigkeit eine von der in § 66 Abs. 1 AufwG getroffenen Regelung abweichende Behandlung der Ansprüche der Kläger angemessen sei. Das Gericht ging dabei vom Zweck des § 66 AufwG aus. Diese Vorschrift enthalte klar erkennbar eine einseitige Begünstigung der Kreditbanken, bei denen Geld als Ware angeschafft und veräußert werde, und die gerade wegen dieser Eigenart ihres Geschäftsbetriebes von den Folgen des Währungsverfalls besonders stark betroffen worden seien. Da die Zinssätze nicht ausgereicht hätten, die zwischen Hingabe und Rückzahlung des Kredits eingetretene Geldentwertung auszugleichen, hätten die Banken ihr Eigenkapital zum großen Teil eingebüßt. Dieser Umstand habe den deutschen Gesetzgeber veranlaßt, die Banken wegen ihrer allgemein volkswirtschaftlichen Bedeutung als Träger der Geldwirtschaft, hinsichtlich ihrer Verpflichtungen aus der Anschaffung fremden Geldes für den Bankbetrieb, ohne Rücksicht auf die Person des Gläubigers, in weitestem Umfange von der Aufwertung auszunehmen. Das Gericht wandte § 66 Abs. 1 AufwG uneingeschränkt an und wertete die Ansprüche der Kläger nicht auf; es stellte fest, daß auch auf Billigkeitsgründe eine Aufwertung der gegen die Beklagte gerichteten Ansprüche nicht gestützt werden könne. Unter dem Gesichtspunkt einer billigen Abwägung der Interessen beider Parteien komme in Betracht, daß die Beklagte als Grenzbank ihre Aktivgeschäfte zur Hauptsache in deutscher Währung getätigt und infolge der Markentwertung ihre Mittel größtenteils verloren habe, so daß sie zur Einstellung und Liquidation ihres Betriebes gezwungen gewesen sei. Hierin liege ein durchgreifender Unterschied zum Falle der Basler Lebensversicherungsgesellschaft, über den in BG 53 II 76 entschieden worden sei. Denn die Basler Lebensversicherungsgesellschaft habe nur einen relativ geringen Teil ihres Vermögens in deutschen Werten angelegt gehabt und sei daher durch die Inflation in ihrer wirtschaftlichen Existenz nicht gefährdet worden. Zwar habe die Beklagte infolge Aufwertung ihrer deutschen Hypotheken und Pfandbriefe etwa 3 % der Verluste an Mark-Aktiven wieder eingebracht und daher ließe sich vom Billigkeitsstandpunkt an sich eine Aufwertung der gegen sie gerichteten Forderungen bis zu diesem Prozentsatz rechtfertigen. Andrerseits hätten die Kläger die Gefahr einer Entwertung ihrer Ansprüche umso mehr auf sich genommen, als sie nach dem Beginn der Inflation nicht die Umwandlung ihrer Markanlagen in eine wertbeständige Währung verlangt, sondern in der Hoffnung auf eine Besserung des Markkurses sich mit einer Papiermarkforderung begnügt hätten.

Das Schweizer Bundesgericht prüfte in dieser Entscheidung zwar nicht ausdrücklich den räumlichen Geltungsbereich des § 66 Abs. 1 AufwG im Hinblick auf seinen Zweck. Es ging vielmehr davon aus, daß § 66 Abs. 1 AufwG auf den Vertrag anzuwenden sei, weil die Parteien Zahlung in deutscher Währung vereinbart hätten und daher nach Auffassung des Gerichts deutsches Aufwertungsrecht anzuwenden war. Indem das Gericht aber dann untersuchte, ob nicht aus Billigkeitsgründen entgegen der Vorschrift des § 66 Abs. 1 AufwG doch eine Aufwertung vorzunehmen sei und dies verneinte, weil die Beklagte ebenso wie die deutschen Banken durch die Inflation fast ihr gesamtes Vermögen verloren hatte, teilte es im Ergebnis die Auffassung, daß § 66 Abs. 1 AufwG im Hinblick auf seinen Zweck auch zugunsten ausländischer Banken anzuwenden war, die durch die Markentwertung (ebenso wie die deutschen Geldinstitute) den größten Teil ihres Vermögens eingebüßt hatten.

c) Die Vorschriften über die Aufwertung öffentlicher und privater Anleiheschulden

Im Urteil vom 23. 6. 1927[95] hatte das Reichsgericht über die Aufwertung von Schuldverschreibungen zu entscheiden, die zu der von der k. k. privilegierten österreichischen Staats-Eisenbahn-Gesellschaft im Jahre 1883 aufgenommenen 4 %igen Anleihe gehörten und auf „Mark deutscher Reichswährung“ lauteten. Das Reichsgericht führte aus: Das Berufungsgericht habe zutreffend angenommen, daß die Schuldverschreibungen zwar allgemein dem österreichischen Recht, hinsichtlich des Zahlungsgeschäftes aber dem deutschen Recht unterstehen sollten, für den Inhalt der Zahlungsverpflichtung also die deutsche Reichswährung maßgebend sein sollte. Die Frage, welche Wirkung dem Verfall der deutschen Währung und der Einführung der deutschen Reichsmarkwährung beizumessen sei, müsse, da es sich dabei um den Inhalt der Zahlungsverpflichtung, um das Zahlungsgeschäft, handle, nach deutschem Recht beurteilt werden. Auch die Aufwertung der Schuldverschreibungen richte sich nach deutschem Recht, da es sich dabei um eine Frage des Inhalts der Schuld und des Zahlungsgeschäftes handle. Das Reichsgericht ging davon aus, daß die §§ 33 ff. AufwG, die für die Aufwertung privater Anleiheschulden eine Sonderregelung trafen, unmittelbar nur zugunsten deutscher Unternehmen anzuwenden seien; es lehnte auch eine entsprechende Anwendung dieser Bestimmungen zugunsten der Beklagten ab und entschied, daß die Aufwertung der von der Be-

[95] JW 1927, 2289, Nr. 3.

klagten ausgegebenen Schuldverschreibungen sich nach § 242 BGB richte.

Heinrici bemerkt in einer Anmerkung zu dieser Entscheidung[96], es wäre bedenklich, die besonderen Vorschriften über die Aufwertung deutscher Industrieobligationen zugunsten ausländischer Gesellschaften unmittelbar anzuwenden. Wie die Entstehungsgeschichte dieser Vorschriften deutlich zeige, habe der Gesetzgeber beabsichtigt, den Gesellschaften, die Industrieobligationen ausgegeben hätten, keine höheren Aufwertungslasten aufzubürden, als ihnen unter den damaligen wirtschaftlichen Verhältnissen zuzumuten gewesen seien. Diese Vorschriften eigneten sich daher nicht zur unmittelbaren Anwendung auf ausländische Anleihen. Sie seien insoweit den §§ 59 ff. AufwG ähnlich. Mit einer Anwendung der allgemeinen Aufwertungsgrundsätze (§ 242 BGB) auf ausländische Anleihen komme man zu gerechteren Ergebnissen.

Hier findet sich also die Auffassung, daß die §§ 33 ff. AufwG, die für Industrieobligationen eine Aufwertung auf nur 15 % des Goldmarkbetrages vorschrieben und für Ausnahmefälle selbst ein Unterschreiten dieses Betrages gestatteten (§ 34 AufwG), den Schutz der von der Markinflation betroffenen, deutschen Industrieunternehmen bezweckten und im Hinblick auf diesen Zweck nur zugunsten deutscher Gesellschaften angewandt werden konnten. Verdient diese Auffassung auch grundsätzlich Zustimmung, so ist doch zweifelhaft, ob nicht im Falle der österreichischen Mark-Eisenbahnanleihe eine entsprechende Anwendung der §§ 33 ff. AufwG auch im Hinblick auf ihren Zweck gerechtfertigt gewesen wäre; die österreichische Anleiheschuldnerin war nämlich vom Verfall der Kronenwährung ebenso betroffen worden wie die deutschen Gesellschaften vom Verfall der Markwährung.

Die Entscheidung des Reichsgerichts vom 16. 6. 1930[97] betraf einen ähnlichen Fall: Die Schuldnerin hatte ihren Sitz im Ausland, aber in einem Gebiet, das auch von einem Währungsverfall betroffen worden war. Allerdings handelte es sich um die Aufwertung einer öffentlichen Anleihe. Eine Kirchengemeinde in Danzig hatte im Jahre 1904 ein Markdarlehn aufgenommen und im Jahre 1923 in entwertetem Geld zurückgezahlt. Zahlungs- und Erfüllungsort war Berlin. Die Darlehnsforderung unterstand dem deutschen Recht. Mit der Klage verlangte die Darlehnsgeberin Aufwertung ihrer Darlehnsforderung.

Das Reichsgericht führte aus, an sich sei das Anleiheablösungsgesetz vom 16. 7. 1925[98] anzuwenden, wenn die Vertragsbeziehungen der Parteien dem deutschen Recht unterstünden. Es sei aber zu be-

[96] JW 1927, 3005.
[97] IPRspr. 1930, Nr. 39.
[98] RGBl. I, 137.

rücksichtigen, daß das Anleiheablösungsgesetz ein Sondergesetz lediglich für deutsche Gemeinden und die ihnen gleichgestellten Körperschaften des öffentlichen Rechts darstelle. Mit Recht hätten daher die Vorinstanzen die Anwendung des Anleiheablösungsgesetzes zugunsten der beklagten Danziger Kirchengemeinde abgelehnt, da diese, nachdem das Danziger Gebiet aus dem Deutschen Reich ausgeschieden sei, nicht unter dieses Gesetz falle.

Das Reichsgericht lehnte also die unmittelbare Anwendung des Anleiheablösungsgesetzes zugunsten der Danziger Kirchengemeinde ab[99], es befürwortete aber im Ergebnis eine entsprechende Anwendung der im Anleiheablösungsgesetz niedergelegten Grundsätze, indem es ausführte, die Billigkeit erfordere, auch bei einer Aufwertung nach allgemeinen Grundsätzen den Aufwertungssatz so zu bemessen, daß die Beklagte ihren deutschen Schwestergemeinden ungefähr gleichgestellt werde[100].

Das Reichsgericht begründet die entsprechende Anwendung der Grundsätze des Anleiheablösungsgesetzes zugunsten der Beklagten zwar nicht ausdrücklich mit dem Zweck des Gesetzes. Unausgesprochen hat der Zweck des Anleiheablösungsgesetzes aber diese Entscheidung beeinflußt. Das Anleiheablösungsgesetz bezweckte den Schutz der deutschen öffentlich-rechtlichen Körperschaften, deren Haushalte durch den Währungsverfall und seine Folgen stark beeinträchtigt wurden, vor allzu hohen Aufwertungslasten. Im Hinblick auf diesen Zweck des Anleiheablösungsgesetzes war es angemessen, die Grundsätze dieses Gesetzes auf die Schuld einer Danziger Kirchengemeinde entsprechend anzuwenden, da die Danziger Kirchengemeinde vom Verfall der Danziger Währung ebenso betroffen worden war wie die deutschen öffentlich-rechtlichen Körperschaften vom Verfall der Markwährung.

Entsprechendes gilt für die Entscheidung des Reichsgerichts vom 21. 2. 1919[101], die wiederum eine private Anleihe betraf, und zwar eine deutschem Recht unterliegende Markanleihe eines estländischen Unternehmens.

Das Reichsgericht stellte fest, daß die für deutsche Industrieobligationen geltenden Sondervorschriften der §§ 33 ff. AufwG auf Auslandsanleihen nicht angewandt werden könnten, und führte dann aus: Bei der Anwendung der allgemeinen Aufwertungsvorschriften müsse berücksichtigt werden, daß sie an Stelle der sonst maßgebenden §§ 33 ff. AufwG angewandt würden. Dies könne dazu führen, eine Aufwertung über 15 % zu versagen, wenn die wirtschaftliche

---

[99] Ebenso: RG 24. 2. 1930, IPRspr. 1930, Nr. 38, bezüglich der Darlehnsschuld des von Danzig eingemeindeten Ortes Oliva.

[100] RG IPRspr. 1930, Nr. 39, S. 102.

[101] IPRspr. 1929, Nr. 36.

Lage des Unternehmens derart sein sollte, daß eine Beteiligung an einem Gewinn oder am Liquidationserlös, falls der Anleiheschuldner ein in Deutschland befindliches Unternehmen wäre, nicht in Frage kommen könnte. Auch hier wurde im Ergebnis eine entsprechende Anwendung der §§ 33 ff. AufwG, die den Schutz vom Währungsverfall betroffener – privater – Anleiheschuldner bezweckten, zugunsten ausländischer Mark-Anleiheschuldner, die eines solchen Schutzes bedurften, befürwortet.

d) Die Schutzvorschrift des § 15 Satz 2 AufwG

Auch § 15 Satz 2 des Aufwertungsgesetzes enthielt Schutzbestimmungen zugunsten einzelner Personengruppen, denen allzu hohe Aufwertungslasten aus Billigkeitsgründen nicht zuzumuten waren. Nach § 15 Satz 1 AufwG waren auch Hypotheken und hypothekarisch gesicherte Forderungen aufzuwerten, die vor Erlaß des Aufwertungsgesetzes in der Zeit vom 15. 6. 1922 bis zum 14. 2. 1924 erfüllt worden waren, selbst wenn der Gläubiger die Zahlung in entwertetem Papiergeld zum Nennwert vorbehaltlos angenommen hatte. Von einer rückwirkenden Aufwertung der Hypothekenforderung sollte jedoch abgesehen werden, wenn sie, ganz oder teilweise, für den persönlichen Schuldner mit Rücksicht darauf, daß das belastete Grundstück nicht mehr im Inland lag und deshalb die Inanspruchnahme des Eigentümers wesentlich erschwert war, eine unbillige Härte bedeutet hätte (§ 15 Satz 2, Ziff. 2, 2. Alternat. AufwG). Diese Bestimmung war zugunsten der Schuldner hypothekarisch gesicherter Forderungen erlassen, die im Zusammenhang mit der Aufwertung der Hypothek und der Hypothekenforderung Regreßansprüche gegen den Grundstückseigentümer entweder gar nicht oder nur unter besonderen Schwierigkeiten geltend machen konnten, weil das Grundstück infolge einer Gebietsabtretung im Ausland lag. Während die herrschende Lehre annahm, daß § 15 Satz 2, Ziff. 2 des Aufwertungsgesetzes auch angewandt werden könne, wenn das Grundstück unter die Souveränität eines Staates gekommen war, der selbst ein Aufwertungsrecht erlassen hatte, vertrat Haase[102] die Auffassung, daß die Anwendung des § 15 Satz 2 Ziff. 2 auf die Fälle zu beschränken sei, in denen deutsches Recht zur Anwendung kommen müsse, weil der in Betracht kommende ausländische Staat eine Aufwertung nicht anerkenne[103].

---

102 JW 1926, S. 354 f.; JW 1927, 2977 (2978 f.).

103 Es handelt sich hierbei um eine der vielen international-privatrechtlichen Fragen, die nach den Gebietsabtretungen auf Grund des Versailler Vertrages vor allem auch im Zusammenhang mit der Aufwertung zu entscheiden waren. Hier soll nur die oben aufgeworfene Frage, nicht aber der

Haase begründete seine Auffassung mit dem allgemeinen Zweck der Aufwertungsgesetzgebung[104]. Er sah das Ziel der Aufwertungsgesetzgebung in einer schnellen und reibungslosen Durchführung der Aufwertung im Interesse der Beruhigung des deutschen Wirtschaftslebens und der Erhaltung der deutschen Steuergrundlagen. Insoweit verdienen seine Ausführungen uneingeschränkt Zustimmung[105]. Bedenklich ist es aber, aus dem allgemeinen Zweck eines umfangreichen Gesetzes Folgerungen hinsichtlich des räumlichen Geltungsbereichs einer Einzelvorschrift zu ziehen, die einem anderen, spezielleren Zwecke dient als das Gesetz in seiner Gesamtheit. Will man den Gesetzeszweck zur Bestimmung des räumlichen Geltungsbereiches heranziehen, so ist bei Gesetzesbestimmungen, deren Zweck mit dem des Gesetzes in seiner Gesamtheit nicht identisch ist, vom speziellen Zweck der einzelnen Vorschriften auszugehen. Auf diesem Grundsatz beruht die Entscheidung des Kammergerichts vom 21. 9. 1927[106]; das Kammergericht wies nach, daß der Zweck des § 15 Satz 2, Ziff. 2 AufwG mit dem allgemeinen Zweck der Aufwertungsgesetzgebung nicht identisch war und bestimmte den räumlichen Geltungsbereich dieser Gesetzesstelle im Hinblick auf ihren besonderen Zweck. Das Kammergericht setzte sich auch eingehend mit der Auffassung Haases auseinander und führte im einzelnen aus: Haase meine, die Vorschrift des § 15 Ziff. 2 AufwG sei nur in den Fällen anzuwenden, in denen deutsches Recht deshalb zur Anwendung kommen müsse, weil in dem in Betracht kommenden Ausland eine Aufwertung nicht anerkannt sei. Dabei müsse er für diese Fälle voraussetzen, daß das Aufwertungsgesetz die Forderungen gerade wegen ihrer Beziehungen zum Grundeigentum aus dem Bereich des allgemeinen bürgerlichen Rechtes (§ 242 BGB) herausgenommen und in die Sonderregelung einbezogen habe. Diese Voraussetzung könne aber nicht richtig sein. Denn es fehle in diesen Fällen an dem von Haase gekennzeichneten währungsrechtlichen Motiv, da deutsche Steuergegenstände durch die Aufwertung persön-

---

gesamte Problemkreis näher erörtert werden; denn die Frage, nach welchem Recht Markansprüche aus Rechtsverhältnissen aufzuwerten waren, die ihren Schwerpunkt im abgetretenen Gebiet hatten, war nach der hier vertretenen Auffassung auf eine andere Frage zurückzuführen, nämlich auf die, ob der neue Souverän das betreffende Rechtsverhältnis in seine eigene Währung überführt hatte, oder ob die Reichswährung für das Rechtsverhältnis bestimmend geblieben war. (Vgl. dazu unten S. 50—56). Nur, aber — grundsätzlich — auch stets dann, wenn die Schuld nach der Gebietsabtretung Markschuld geblieben war, unterlag sie dem deutschen Aufwertungsrecht (Neumeyer, Internationales Verwaltungsrecht, Bd. III, 2, S. 375; Lührse, JW 1926, S. 2831).

[104] JW 1926, S. 355; JW 1926, S. 2978 f.

[105] Vgl. oben, S. 19.

[106] JW 1928, S. 2032.

licher Forderungen, die auf nicht mehr im Inland liegenden Grundstücken hypothekarisch gesichert seien, nicht getroffen würden.

Das Kammergericht führte weiter aus: Wenn die fraglichen Forderungen in den Kreis der vom Aufwertungsgesetz erfaßten Rechtsverhältnisse einbezogen seien, so könne überhaupt nicht der Charakter der hypothekarischen Sicherung unmittelbar, sondern nur mittelbar hierfür bestimmend gewesen sein. Für das deutsche Recht sei vielmehr ersichtlich das Interesse ausschlaggebend gewesen, den deutschen Schuldner zu schützen. Das ergebe sich aus § 15 Ziff. 2 AufwG. Diese Bestimmung schließe die rückwirkende Aufwertung dann aus oder schränke sie dann ein, wenn der Schuldner den Rückgriff auf den Eigentümer des nicht mehr im Inland belegenen Grundstücks nur unter wesentlichen Erschwerungen nehmen könne. Habe der Gesetzgeber aber mit der Aufnahme dieser Bestimmung in das Aufwertungsgesetz nur den Schutz der oben gekennzeichneten Schuldner bezweckt, so sei daraus sein Wille zu entnehmen, daß die Bestimmung auf solche Forderungen allgemein und nicht mit der von Haase angenommenen Beschränkung anzuwenden sei. Diese Entscheidung des Kammergerichts entsprach im Ergebnis der herrschenden Ansicht[107], die die Anwendung des § 15 AufwG nicht davon abhängig machte, daß das Grundstück im Gebiete eines Staates lag, der die Aufwertung nicht anerkannte, allerdings ohne bei der Begründung so starkes Gewicht auf den Zweck des § 15, Satz 2, Ziff. 2 AufwG zu legen.

e) Zahlungsmoratorien im Zusammenhang mit der Aufwertung

In unmittelbarem Zusammenhang mit dem Aufwertungsrecht standen das Gesetz über die Fälligkeit und Verzinsung der Aufwertungshypotheken vom 18. 7. 1930[108] (AufwFällG) und die Notverordnung über die Zahlungsfrist in Aufwertungssachen vom 10. 11. 1931[109]. Nach § 25 AufwG konnte der Hypothekengläubiger den Aufwertungsbetrag vor dem 1. 1. 1932 weder vom Grundstückseigentümer, noch vom persönlichen Schuldner fordern; durch § 36 AufwG wurde die Fälligkeit aufgewerteter Industrieobligationen bis zum gleichen Zeitpunkt hinausgeschoben. Demgegenüber konnte nach § 1 AufwFällG der Gläubiger der aufgewerteten Hypothek oder Hypothekenforderung den Aufwertungsbetrag vor dem 1. 1. 1935 nur fordern, wenn er nach Inkrafttreten des Aufwertungsfälligkeitsgesetzes den Betrag gekündigt hatte. Die Kündigungsfrist betrug ein

---

[107] KG 2. 2. 1928, JW 1928, S. 1462 (1463); Henrychowski in Anm. zur Entsch. des LG Königsberg vom 18. 2. 1927, JW 1927, S. 3019; Mügel, Aufwertungsrecht, 5. Aufl., S. 253 f.; Unversehrt, JW 1925, S. 2202 ff. (2205).

[108] RGBl. I, 300.

[109] RGBl. I, 667.

Jahr; die Kündigung sollte erstmals zum 31. 12. 1931 zulässig sein. Nach §§ 6, 7 AufwFällG sollte dem Schuldner durch die Aufwertungsstelle eine Zahlungsfrist gewährt werden, wenn er über die zur Zahlung des Aufwertungsbetrages erforderlichen Mittel nicht verfügte und nicht in der Lage war, sich die Mittel zu Bedingungen zu verschaffen, die ihm billigerweise zugemutet werden konnten.

Durch § 1 der NotVO vom 10. 11. 1931 wurde die Frist für die Einreichung eines Antrags auf Gewährung einer Zahlungsfrist bei der Aufwertungsstelle verlängert. Nach §§ 4, 5 dieser Verordnung konnten auch die Schuldner aufgewerteter Industrieobligationen und verwandter Schuldverschreibungen um die Bewilligung einer Zahlungsfrist nachsuchen, wenn sie infolge der Veränderung der allgemeinen Wirtschaftslage über die zur Rückzahlung erforderlichen Mittel nicht verfügten und nicht in der Lage waren, sich diese Mittel zu zumutbaren Bedingungen zu verschaffen.

Ohne das Aufwertungsfälligkeitsgesetz und die VO vom 10. 11. 1931 wäre ein großer Teil der aufgewerteten Hypotheken, Hypothekenforderungen und Inhaberschuldverschreibungen zu Beginn des Jahres 1932 fällig geworden.

Der Gesetzgeber wollte durch den Erlaß des Aufwertungsfälligkeitsgesetzes die Erschütterung des Grundstücksmarktes und die dadurch bedingte schwere Störung des deutschen Wirtschaftslebens verhindern, die infolge der unzulänglichen Kapitalbildung der vorangegangenen Jahre die unausbleibliche Folge der Zusammenballung der Fälligkeiten zum 1. 1. 1932 gewesen wäre[110]. Im Hinblick auf die Verschlechterung der Wirtschaftslage und die mangelhafte Kapitalbildung in Deutschland zu Beginn der 30er Jahre sah der Gesetzgeber in den §§ 6, 7 AufwFällG und den Vorschriften der NotVO vom 10. 11. 1931 Zahlungserleichterungen für die Aufwertungsschuldner vor, die die Mittel zur Tilgung ihrer Aufwertungsschulden weder selbst besaßen, noch sich zu angemessenen Bedingungen verschaffen konnten[111].

Die Gerichte stellten fest, daß nach den §§ 6, 7 AufwFällG und den Vorschriften der NotVO vom 10. 11. 1931 grundsätzlich auch ausländischen Grundstückseigentümern und Schuldnern eine Zahlungsfrist gewährt werden könne; an eine unterschiedliche Behandlung von Ausländern und Deutschen sei bei der Entscheidung über Zahlungsfristanträge auf Grund des AufwFällG und der NotVO vom 10. 11. 1931 nicht zu denken[112]. Allerdings könne eine Zahlungsfrist

[110] KG, 27. 10. 1932, IPRspr. 1932, Nr. 9; LG München I, 16. 9. 1932, IPRspr. 1932, Nr. 119.

[111] Vgl. die in Fußn. 110 zitierten Entscheidungen, ferner KG, 3. 11. 1932, IPRspr. 1933, Nr. 3.

[112] KG. 1. 2. 1934, IPRspr. 1934, Nr. 148; LG München I, 16. 9. 1932, IPRspr. 1933, Nr. 119.

nach dem Sinn und Zweck des AufwFällG und der NotVO vom 10. 11. 1931 nur solchen Personen gewährt werden, die unter den besonderen deutschen Verhältnissen und den gerade in Deutschland zur Auswirkung gelangten Erschwernissen des wirtschaftlichen Lebens zu leiden hätten. Dem Antrag auf Gewährung einer Zahlungsfrist könne daher nicht entsprochen werden, wenn der Antragsteller schon seit längerer Zeit im Ausland lebe und von der Verschlechterung der allgemeinen Wirtschaftslage in Deutschland nicht betroffen worden sei[113].

Die Gerichte hatten mehrfach über Zahlungsfristanträge ungarischer Aufwertungsschuldner zu entscheiden, denen durch die ungarische Devisengesetzgebung die Überweisung der zur Tilgung ihrer Schulden erforderlichen Beträge nach Deutschland untersagt war[114]. Die Gerichte erklärten den Umstand, daß den Antragstellern durch die ungarische Devisengesetzgebung die geplante Überweisung des Kapitals nach Deutschland unmöglich gemacht worden war, für unbeachtlich und lehnten die Zahlungsfristanträge ab. Das Kammergericht führte in dem Beschluß vom 27. 10. 1932[115] aus, das Aufwertungsfälligkeitsgesetz stelle eine Maßnahme zum Schutze der deutschen Wirtschaft dar. Ausländischen Gesetzen, die den Zwecken des Aufwertungsfälligkeitsgesetzes zuwiderliefen, könne kein Einfluß auf die Anwendung dieses Gesetzes eingeräumt werden. Das Aufwertungsfälligkeitsgesetz könne im Hinblick auf seinen Zweck, die Folgen der unzulänglichen Kapitalbildung in Deutschland zu Beginn der 30er Jahre zu mildern, nicht angewandt werden, wenn dem Schuldner das rückzuzahlende Kapitel tatsächlich zur Verfügung stehe und er nur durch eine ausländische Devisengesetzgebung an der Rückzahlung gehindert werde. In diesem Falle entspreche es vielmehr dem Willen des Gesetzes, daß das Kapital gezahlt werde; denn dadurch werde der Kapitalmarkt erleichtert und die deutsche Wirtschaft gefördert.

Diese Ausführungen enthielten zweierlei: Zunächst lehnte das Kammergericht die Berücksichtigung des ungarischen Devisenrechts und des darin enthaltenen Zahlungsverbotes ab, weil dessen Anwendung den Zwecken des deutschen Aufwertungsfälligkeitsgesetzes zuwiderlief. Sodann erklärte das Gericht aber auch die durch das ausländische Gesetz entstandenen tatsächlichen Folgen im Rahmen des Aufwertungsfälligkeitsgesetzes für unbeachtlich[116] und führte aus, nach dem Zweck des Aufwertungsfälligkeitgesetzes könne eine Zah-

[113] LG München I, 16. 9. 1932, IPRspr. 1933, Nr. 119.

[114] KG 27. 10. 1932, IPRspr. 1932, Nr. 9; KG 3. 11. 1932, IPRspr. 1933, Nr. 3.

[115] IPRspr. 1932, Nr. 9.

[116] Vgl. Nußbaum in der Anm. zum Beschl. des KG vom 27. 10. 1932, JW 1932, 3737.

lungsfrist auf Grund seiner Vorschriften nur den Schuldnern bewilligt werden, die wegen des Kapitalmangels in Deutschland zur Rückzahlung des Aufwertungsbetrages nicht imstande seien. Auch bei der Bestimmung des räumlichen Geltungsbereiches der Vorschriften des Aufwertungsfälligkeitsgesetzes und der NotVO vom 10. 11. 1931 hat die Rechtsprechung also den Gesetzeszweck berücksichtigt.

f) Die Aufwertung von Vermögensanlagen

Keine Schutzbestimmung zugunsten eines vom Währungsverfall besonders stark betroffenen Personenkreises stellte dagegen die Vorschrift des § 63 Abs. 1 AufwG dar. Nach § 63 Abs. 1 AufwG durften bei der Aufwertung von Vermögensanlagen 25 % des Goldmarkbetrages nicht überschritten werden. Die Vorschrift sah also für Vermögensanlagen den gleichen Aufwertungssatz als Höchstbetrag vor, der nach §§ 4, 9 AufwG für Hypotheken und hypothekarisch gesicherte Forderungen maßgebend war. Schon daraus ergibt sich, daß es sich bei § 63 Abs. 1 AufwG nicht um eine Schutzvorschrift zugunsten vom Währungsverfall besonders hart betroffener Aufwertungsschuldner handelte; durch diese Bestimmung sollte vielmehr sichergestellt werden, daß Vermögensanlagen ohne hypothekarische Sicherung nicht höher aufgewertet würden als Hypotheken[117]. Die Vorschrift des § 63 Abs. 1 AufwG diente also den gleichen Zwecken wie die Bestimmungen über die Aufwertung von Hypotheken und hypothekarisch gesicherten Forderungen und die Aufwertungsgesetzgebung insgesamt: Durch die Aufwertung als solche sollte ein billiger Ausgleich zwischen den Interessen der Markgläubiger und -schuldner geschaffen werden; durch feste Aufwertungssätze (oder Höchstsätze) sollte die Durchführung der Aufwertung beschleunigt, die Unordnung und Unsicherheit im Schuldenwesen beseitigt und die Wiederherstellung zuverlässiger Kredit- und Steuerunterlagen gewährleistet werden[118].

Das Kammergericht sah demgegenüber in einer – soweit ersichtlich – unveröffentlichten Entscheidung[119] § 12 Abs. 1 der 3. Steuernotverordnung vom 14. 2. 1924, an dessen Stelle später die entsprechende Regelung in § 63 Abs. 1 AufwG trat, auch als Schutzbestimmung zugunsten der deutschen Markschuldner an, die nicht in der Lage waren, das vom Gläubiger erhaltene Geld wertbeständig anzu-

---

[117] Vgl. Mügel in Anm. zur Entsch. des RG vom 18. 2. 1926, JW 1926, 1321.

[118] Vgl. oben S. 16 f. und 19

[119] Der Inhalt dieser Entscheidung ist in dem Urteil des Reichsgerichts vom 18. 2. 1926 — RGZ 113,42 = JW 1926, S. 1321 — wiedergegeben, durch das über das Rechtsmittel gegen das Kammergerichtsurteil entschieden wurde.

legen und vor dem Währungsverfall zu schützen. Das Kammergericht erkannte zwar zunächst als Ziel der Aufwertungsgesetzgebung den billigen Ausgleich zwischen Markgläubiger und Markschuldner, führte aben dann weiter aus, für die Aufwertung sei eine obere Grenze deshalb bestimmt, weil der Markschuldner regelmäßig nicht in der Lage gewesen sei, das vom Gläubiger erhaltene Geld, wie überhaupt sein Vermögen, vor der Inflation zu schützen. Das gelte sowohl von den Hypothekenaufwertungsbestimmungen als auch insbesondere von den Vorschriften über die Aufwertung von Vermögensanlagen. Es widerspreche daher dem Sinn der 3. Steuernotverordnung, die besondere Wohltat der beschränkten Aufwertung, die eigentlich eine Abwertung darstelle, auch den Papiermarkschuldnern zugute kommen zu lassen, die kraft der anderen wirtschaftlichen Bedingungen, unter denen sie lebten, ganz allgemein in der Lage gewesen seien, jederzeit Papiermarkbeträge vor Entwertung zu schützen.

Das Reichsgericht, das über das Rechtsmittel gegen das Urteil des Kammergerichts zu entscheiden hatte[120], teilte die Ansicht des Kammergerichts nicht. Es identifizierte den Zweck der Vorschriften über die Aufwertung von Vermögensanlagen mit dem Zweck der gesamten Aufwertungsgesetzgebung, durch eine schnelle Erledigung der Aufwertungsstreitigkeiten eine Normalisierung des deutschen Wirtschaftslebens herbeizuführen. Das Gericht hielt es für unvereinbar mit diesem Zweck der Aufwertungsgesetzgebung, durch eine Differenzierung zwischen inländischen und ausländischen Aufwertungsschuldnern neue Unsicherheiten und Unklarheiten zu schaffen[121] und folgerte daraus, daß ein ausländischer Schuldner sich auf das Aufwertungsgesetz ebenso berufen könne wie ein inländischer[122].

Diese Feststellung des Reichsgerichts verdient grundsätzlich Zustimmung; nach den obigen[123] Ausführungen über die internationalprivatrechtliche Behandlung der im Aufwertungsgesetz enthaltenen Schuldnerschutzbestimmungen gilt sie uneingeschränkt aber nur für diejenigen Aufwertungsvorschriften, die nicht als Schutzvorschriften zugunsten von der Markinflation besonders hart betroffener Aufwertungsschuldner anzusehen waren.

---

[120] Entsch. vom 18. 2. 1926, RGZ 113,42 = JW 1926, S. 1321.

[121] RGZ, 113,44.

[122] Für grundsätzliche Gleichbehandlung ausländischer Schuldner in Aufwertungsfragen auch KG, 22. 4. 1929, IPRspr. 1929, Nr. 178; BayObLG, 30. 10. 1925, JW 1926, S. 62 und 6. 3. 1928, BayObLGE 28, A 79.

[123] Vgl. oben S. 23—40.

4. Zusammenfassung

Zusammenfassend läßt sich feststellen, daß der Zweck des Aufwertungsrechts bei der Ermittlung seines räumlichen Geltungsbereichs eine bedeutende Rolle spielte. Durch das Aufwertungsrecht sollten die Folgen einer Geltentwertung für die Gläubiger der vom Währungsverfall betroffenen Forderungen – wenigstens teilweise – rückgängig gemacht werden. Im Hinblick auf diesen Zweck war das deutsche Aufwertungsrecht auf alle in Markwährung ausgedrückten Geldansprüche anzuwenden, gleich, ob deutsches Recht Wirkungsstatut war oder das Recht eines dritten Staates.

Wird nach einer Geldentwertung eine neue Währung eingeführt, so stellt das Aufwertungsrecht praktisch etwas Ähnliches dar wie eine wertentsprechende Umrechnungsnorm zwischen alter und neuer Währung für den Bereich der Geldansprüche[124].

Die Besonderheit dieser Umrechnungsnorm ist nur darin zu sehen, daß sie nicht das Wertverhältnis der beiden Währungen zur Zeit der Einführung der neuen Währung ausdrückt; bei der Bestimmung des Wertverhältnisses wird vielmehr vom Wert der alten Währung zu einem früheren Zeitpunkt ausgegangen, in dem der Währungsverfall noch nicht so weit fortgeschritten war. Dies rechtfertigt sich daraus, daß fast alle unter der alten Währung begründeten, langfristigen Schuldverhältnisse – nur diese werden ja vom Währungsverfall merklich betroffen – zu einer Zeit entstanden sind, zu der die alte Währung noch eine wesentlich höhere Kaufkraft hatte als im Zeitpunkt ihrer Ablösung durch die neue Währung. Im Hinblick auf die Ähnlichkeit zwischen Aufwertungsbestimmungen und (wertentsprechenden) Umrechnungsvorschriften erscheint es angemessen, beide Normengruppen internationalprivatrechtlich gleich zu behandeln. Es wurde bereits festgestellt[125], daß Umrechnungsvorschriften, die das wahre Wertverhältnis zwischen alter und neuer Währung ausdrücken, alle vom Währungswechsel betroffenen Geldschulden erfassen. Entsprechend muß das Aufwertungsrecht eines Staates auf alle in seiner entwerteten Währung ausgedrückten Geldschulden angewandt werden.

Diese Ausführungen gelten auch für diejenigen Vorschriften des deutschen Aufwertungsgesetzes vom 16. 7. 1925, die für bestimmte Gruppen von Geldansprüchen im Interesse einer schnellen Durchführung der Aufwertungsstreitigkeiten und der Ordnung des deutschen Wirtschaftslebens feste Aufwertungssätze vorsahen. Gerade der genannte Zweck der deutschen Aufwertungsgesetzgebung zeigte

[124] Vgl. Neumeyer, Internationales Verwaltungsrecht, Bd. III, 2, S. 368; Stein, JW 1928, S. 1437 (1438); Nußbaum (Das Geld, S. 142 f.; JW 1928, S. 327) spricht hierbei von „Umwertungsvorschriften".

[125] Vgl. oben S. 10 f.

den inneren Zusammenhang zwischen Geldentwertung, Aufwertung und Volkswirtschaft und bestätigte dadurch die Richtigkeit der Auffassung, die die grundsätzliche Anwendung des deutschen Aufwertungsrechts auf alle Markschulden befürwortete. Das Aufwertungsgesetz enthielt aber auch Vorschriften, die in erster Linie den Schutz der vom Währungsverfall besonders hart betroffenen Wirtschaftszweige und Personengruppen vor untragbaren Aufwertungslasten bezweckten. Der räumliche Geltungsbereich dieser Schutzvorschriften wurde durch ihren speziellen Zweck bestimmt: Sie waren nur, aber auch stets dann anzuwenden, wenn der Aufwertungsschuldner vom Währungsverfall betroffen war und eines entsprechenden Schutzes bedurfte.

Für ausländische Gerichte kam allerdings nur eine entsprechende Anwendung der Grundsätze des deutschen Aufwertungsrechts in Betracht; schon allein deshalb, weil es im Ausland keine besonderen Aufwertungsstellen gab, konnten die im Aufwertungsgesetz enthaltenen Verfahrensvorschriften im Ausland nicht angewandt werden[126]. Auch die deutschen Gerichte haben die Vorschriften des Aufwertungsgesetzes vielfach nur entsprechend angewandt, wenn über die Aufwertungspflicht eines ausländischen Schuldners zu entscheiden war[127]. Die Frage, ob das deutsche Aufwertungsrecht unmittelbar oder entsprechend angewandt wurde, ist aber für die vorliegende Untersuchung nicht von Bedeutung. Wichtig ist hier nur die Feststellung, daß die – direkte oder entsprechende – Anwendung des deutschen Aufwertungsrechts auf Tatbestände mit Auslandsbeziehung weitgehend von seinem Zweck abhängig gemacht wurde.

III. Umrechnungsvorschriften anläßlich der Einführung der DM-Währung im Jahre 1948

Am 21. 6. 1948 wurde durch drei Gesetze zur Neuordnung des Geldwesens – Währungsgesetz[128], Emissionsgesetz[129] und Umstellungsgesetz[130] – im Gebiet der jetzigen Bundesrepublik die Deutsche-Mark-Währung anstelle der früheren Reichsmarkwährung einge-

---

[126] Nußbaum, Das Geld, S. 144; Schweizer Bundesgericht, 3. 7. 1928, BG 54 II, 314 (318).

[127] Vgl. z. B. RG IPRspr. 1930, Nr. 39 (besprochen oben S. 33, 34); RG IPRspr. 1929, Nr. 36 (besprochen oben, S. 34 f.); OLG Hamburg, 16. 1. 1929, IPRspr. 1929, Nr. 115.

[128] Amerikan. und brit. Kontrollgebiet, Gesetz Nr. 61; franz. Kontrollgebiet, VO Nr. 158.

[129] Amerikan. und brit. Kontrollgebiet, Gesetz Nr. 62; franz. Kontrollgebiet, VO Nr. 159.

[130] Amerikan. und brit. Kontrollgebiet, Gesetz Nr. 63; franz. Kontrollgebiet, VO Nr. 160.

führt[131]. Nach § 2 des ersten Gesetzes zur Neuordnung des Geldwesens (Währungsgesetz) trat, soweit in Gesetzen, Verordnungen, Verwaltungsakten oder rechtsgeschäftlichen Erklärungen die Rechnungseinheiten Reichsmark, Goldmark oder Rentenmark verwendet waren, – vorbehaltlich besonderer Vorschriften für bestimmte Fälle – an deren Stelle die Rechnungseinheit Deutsche Mark. Im übrigen war die Umrechnung der unter der Reichsmarkwährung entstandenen Geldansprüche in die Deutsche-Mark-Währung in dem dritten Gesetz zur Neuordnung des Geldwesens (Umstellungsgesetz) geregelt. Nach § 2 des Umstellungsgesetzes wurden private Altgeldguthaben grundsätzlich im Verhältnis 10 : 1 auf Deutsche Mark umgestellt; die Altgeldguthaben der Geldinstitute erloschen am 10. 7. 1948. Die allgemeine Vorschrift über die Umstellung der alten Reichsmarkverbindlichkeiten ist in § 16 des Umstellungsgesetzes enthalten. Nach § 16 Abs. 1 UmstG wurden Reichsmarkforderungen grundsätzlich mit der Wirkung auf Deutsche Mark umgestellt, daß der Schuldner an den Gläubiger für je zehn Reichsmark eine Deutsche Mark zu zahlen hatte. Das Umstellungsverhältnis 10 : 1 galt in der Regel auch für Grundpfandrechte; denn nach Art. I, § 1, Abs. 1 der 40. DVO zum UmstG richtete sich die Umstellung der Hypotheken, Grund- und Rentenschulden grundsätzlich nach den Vorschriften über die Umstellung der durch das dingliche Recht gesicherten Forderung, und für die persönliche Forderung war in der Regel das in § 16 Abs. 1 UmstG vorgesehene Umrechnungsverhältnis maßgeblich. Auf Fremdgrundschulden, die nicht zu Sicherungszwecken bestimmt waren, war nach Art. I, § 1 Abs. 2 der 40. DVO zum UmstG ohnehin § 16 UmstG anzuwenden. Die laufenden Preise, Tarife und Löhne wurden dagegen für die Zeit nach dem 20. 6. 1948 im Verhältnis 1 : 1 auf Deutsche Mark umgestellt[132]. Gewinne, die die Schuldner und Grundstückseigentümer aus der Umstellung der Reichsmarkverbindlichkeiten und -hypotheken im Verhältnis 10 : 1 zogen, wurden größtenteils zum Lastenausgleich herangezogen, vgl. die §§ 16 Abs. 3 UmstG, 91 ff. LAG (Hypothekengewinnabgabe) und 161 ff. LAG (Kreditgewinnabgabe).

Der räumliche Geltungsbereich der allgemeinen Umrechnungsnorm für Reichsmarkverbindlichkeiten, die § 16 Abs. 1 UmstG enthält, ist streitig. Ähnlich wie in der Aufwertungszeit wird eine schuldrechtliche Auffassung vertreten, derzufolge die in § 16 Abs. 1 UmstG enthaltene Umrechnungsnorm den Geltungsbereich des westdeutschen Schuldrechts teilt, und eine währungsrechtliche Auffassung, die bei der Bestimmung des räumlichen Geltungsbereiches dieser Vorschrift den Gesetzeszweck berücksichtigt.

---

[131] Über die Einführung der DM-West in den Westsektoren Berlins vgl. Harmening-Duden, S. 446 ff.

[132] Vgl. §§ 2 WährungsG, 18 Abs. 1, Ziff. 1 UmstG.

Die Vertreter der schuldrechtlichen Theorie weisen darauf hin, daß die Umstellung zweierlei enthält; einmal die Umwandlung der RM-Ansprüche in DM-Ansprüche, zum anderen das Umrechnungsverhältnis zwischen RM und DM[133]. Sie erkennen an, daß das Währungsrecht ein Bestandteil des öffentlichen Rechtes ist und zählen zum öffentlichen Währungsrecht die Vorschriften über die Einführung der DM-Währung und die Umwandlung der RM-Ansprüche in DM-Ansprüche. Nach der schuldrechtlichen Theorie haben aber die Vorschriften über das Umrechnungsverhältnis – zumindest auch – schuldrechtlichen Charakter, weil sie den Inhalt der von der Umstellung betroffenen Schuldverhältnisse normieren[134]; daher soll die Frage, welche Rechtsverhältnisse von den westdeutschen Umrechnungsvorschriften erfaßt werden, nach den für die Ermittlung des Schuldstatuts maßgebenden Grundsätzen des Kollisionsrechtes entschieden werden[135].

Erinnert der Theorienstreit zwischen schuldrechtlicher und währungsrechtlicher Auffassung auch an die Aufwertungszeit, so zeigt sich doch, wenn man die Zwecke der Umstellungsvorschriften mit den Zielen der Aufwertung vergleicht, ein bedeutender Unterschied, der es verbietet, die Grundsätze über den räumlichen Geltungsbereich des Aufwertungsrechtes entsprechend anzuwenden, wenn über den Geltungsbereich des Umstellungsgesetzes zu entscheiden ist[136]. Die Aufwertung diente einem billigen Ausgleich zwischen Gläubiger und Schuldner; die Nachteile des Währungsverfalls sollten gerecht auf Gläubiger und Schuldner verteilt werden; im Aufwertungsrecht

---

[133] Raape IPR, § 53 I, S. 545; Beitzke in Anm. zur Entsch. des BGH vom 30. 9. 1952, JZ 1952, 722 (723). — Auf diesen Doppelcharakter der Umstellung verweist auch Stoll in ZAIP 1956, 575 (583); im übrigen neigt er aber mehr zur währungsrechtlichen Auffassung.

[134] Raape a. a. O.; Beitzke a. a. O. und in JR 1952, S. 419 f.

[135] Raape a. a. O.; Beitzke a. a. O. und in Anm. zur Entsch. des BGH vom 30. 5. 1955, JZ 55, 585 (586); Erman-Arndt, Vorbem. vor Art. 12 EG BGB unter III a. E. Vgl. auch Geiler — Stehlik — Veith, D-Markbilanzgesetz, § 7 Anm. II, S. 105—107; Jacobsohn, NJW 1947/48, 679 (681 f.); Lüders, MDR 1948, 384 (386 f.). — Ähnlich die Rechtsprechung des 1. Zivilsenats des BGH, der die Umstellung nach dem Währungsstatut vornimmt und das Währungsstatut durch entsprechende Anwendung der für die Ermittlung des Schuldstatus geltenden Grundsätze bestimmt, vgl. die Entscheidungen vom 1. 2. 1952, NJW 52, 540 (541) = MDR 1952, 351 (353) = BB 1952, 276 und vom 30. 9. 1952, BGHZ 7, 231 (234 f.) = JZ 1952, 720 ff.; auch der 4. Zivilsenat des BGH folgt in der Begründung seiner Entscheidungen teilweise der schuldrechtlichen Theorie, vgl. insbes. das Urteil vom 30. 3. 1955, BGHZ 17, 89 (93 f.) = JZ 1955, 584 (585).

[136] Vgl. Harmening-Duden, Vorbem. zu Teil II des UmstG, S. 160; Kegel in Anm. zur Entsch. des BGH vom 3. 4. 1952, JZ 1952, 657 (659); Stoll, ZAIP 1956, 575 (587); Ficker, S. 46 f.

wurde das Umwertungsverhältnis zwischen alter, entwerteter und neuer, stabiler Währung nach den Grundsätzen der Billigkeit bestimmt. Daher war es gerechtfertigt, die Aufwertungsbestimmungen internationalprivatrechtlich ebenso wie Umrechnungsvorschiften zu behandeln, die dem Wertverhältnis zwischen alter und neuer Währung entsprechen[137].

Es ist dagegen nicht möglich, auch den räumlichen Geltungsbereich der Vorschriften des Umstellungsgesetzes nach den für wertentsprechende Umrechnungsnormen geltenden Grundsätzen des Kollisionsrechtes zu bestimmen. Denn das durch § 16 Abs. 1 UmstG vorgeschriebene Umrechnungsverhältnis von 10 : 1 kann kaum als tatsächliches Wertverhältnis zwischen Reichsmark und Deutscher Mark angesehen werden. Dem tatsächlichen Wertverhältnis zwischen Reichsmark und Deutscher Mark hätte wohl eher eine Umstellung im Verhältnis 1 : 1 entsprochen. Die Reichsmark hatte im legalen Rechtsverkehr infolge eines gesetzlichen Zwangskurses, sowie eines Lohn- und Preisstops ihren alten Wert beibehalten; daß sie im freien Handel, auf dem „Schwarzen Markt" ihre Kaufkraft eingebüßt hatte, kann für die Aufstellung einer staatlichen Umrechnungsnorm nicht von Bedeutung sein. Für die Deutsche Mark ist denn auch das Lohn- und Preisniveau der Reichsmark unverändert übernommen worden. Das Umstellungsverhältnis 10 : 1 stellt also eine Abwertung dar; dies zeigt sich auch darin, daß in § 16 Abs. 3 UmstG von „Schuldnergewinnen" die Rede ist, die den Schuldnern durch die Umstellung zugefallen sind und zum Lastenausgleich herangezogen werden sollen[138].

Die Umstellung der Reichsmarkverbindlichkeiten ist aus öffentlich-rechtlichen Gründen im Verhältnis 10 : 1 erfolgt. Zwar war die Abwertung der Reichsmarkverbindlichkeiten nicht Voraussetzung für das Gelingen der Währungsreform. Zur Normalisierung des Wirtschaftslebens waren nur die unmittelbar der Geldabschöpfung dienenden Maßnahmen erforderlich, die das in der Kriegs- und Nachkriegszeit aufgeblähte Geldvolumen auf ein volkswirtschaftlich gesundes Maß zurückführen sollten. Dazu gehörten die Bestimmungen über Einziehung der alten und Ausgabe der neuen Banknoten und die zur Reduzierung des Bankgeldes erlassenen Vorschriften über die Umstellung der Altgeldguthaben, nicht aber auch die Vorschrif-

---

[137] Vgl. oben S. 10 f. und 42. Dort ist festgestellt worden, daß wertentsprechende Umrechnungsnormen alle vom Währungswechsel betroffenen Geldschulden erfassen (S. 10 f.) und das Aufwertungsrecht wegen seiner Ähnlichkeit mit solchen Umrechnungsnormen entsprechend auf alle in der entwerteten Währung ausgedrückten Geldschulden anzuwenden ist (S. 42).

[138] Stoll, ZAIP 1956, 575 (585—587); vgl. zu diesen Fragen auch Mann, The legal Aspect, S. 245; Harmening-Duden, § 16 UmstG. Anm. 2, S. 212 f.; Krech in „Probleme der Währungsreform", S. 6.

ten über die Umstellung der Reichsmarkforderungen im Sinne des Umstellungsgesetzes. Da diese Reichsmarkforderungen nicht zum Umlauf bestimmt waren, vielmehr nach einer einmaligen Geldbewegung (nämlich ihrer Erfüllung) erloschen, stellten sie – im Gegensatz zu den Altgeldguthaben – kein Geld im volkswirtschaftlichen Sinne dar. Die Art und Weise ihrer Umstellung beeinflußte die Menge des im Umlauf befindlichen Geldes nicht; daher kann der Zweck der in § 16 Abs. 1 UmstG vorgesehenen Abwertung nicht in der Reduzierung des Geldvolumens gesehen werden[139].

Für die Einführung des Umstellungsverhältnisses 10 : 1 waren also andere Motive maßgeblich. Durch die Herabsetzung des Schuldwertes sollten einmal Vermögenswerte für den Lastenausgleich freigestellt werden (vgl. § 16 Abs. 3 UmstG)[140]. Daneben hatte der Gesetzgeber wohl auch die Absicht, die Gläubiger von Reichsmarforderungen den Inhabern von Altgeltguthaben gleichzustellen[141].

Die Umstellung der Reichsmarkverbindlichkeiten im Verhältnis 10 : 1, die zu dem Zweck geschah, dem Staat Mittel für die Durchführung des Lastenausgleichs zuzuführen, stellte einen hoheitlichen Eingriff in private Rechtsverhältnisse[142] mit enteignungsähnlichem Charakter dar[143]. Derartige hoheitliche Eingriffe sind nur gegenüber denjenigen Rechts- und Schuldverhältnissen durchsetzbar, die der Hoheitsgewalt des gesetzgebenden Staates unterliegen[144]. Schuldverhältnisse unterstehen nach herrschender Ansicht der am Wohnsitz oder Sitz des Schuldners wirkenden Staatsgewalt[145]. Nach einer neueren Auffassung ist nicht an den Sitz oder Wohnsitz des Schuldners anzuknüpfen, vielmehr der Währungseingriff immer und nur anzuerkennen für den Rechtsverkehr im eingreifenden Staat, insbesondere

---

139 Stoll, ZAIP 1956, 575 (584).

140 Harmening-Duden, Vorbem. zu Teil II des UmstG, S. 160; Stoll, ZAIP 1956, 575 (587); Blau, SJZ 1949, 153 (160 f.); Krech in „Probleme der Währungsreform", S. 6.

141 Harmening-Duden, a. a. O.; Stoll, a. a. O.

142 OHG Brit. Zone, 4. 5. 1950, OGHZ 4, 51 (56); BGH (5. Zivilrenat), 26. 1. 1951, BGHZ 1, 109 (112) = NJW 1951, 400 (401); BGH (4. Zivilsenat), 3. 4. 1952, BGHZ 5, 302 (311) = MDR 1952, 350 (351) = JZ 1952, 654 (656); BGH (4. Zivilsenat), 26. 3. 1953, BGHZ 9, 151 (155); Krech in „Probleme der Währungsreform", S. 7.

143 Soergel-Kegel, Vorbem. 531 vor Art. 7 EG BGB; Stoll, ZAIP 1956, 575 (587).

144 BGHZ 1, 109 (112); BGHZ 5, 302 (311); BGHZ 9, 151 (155); Soergel-Kegel, Vorbem. 483 vor Art. 7 EG BGB; Seidl-Hohenveldern, S. 88 ff. (betr. Enteignung); vgl. auch BGH 17. 12. 1959, NJW 1960, 1101/1102 (betr. Devisenrecht).

145 So die in Fußn. 142 zitierten Entscheidungen und die dort zitierte Schrift; ferner Kegel in Anm. zur Entscheidung des BGH vom 3. 4. 1952, JZ 1952, 657 (659); Blau in SJZ 1949, 153 (160 f.); Palandt-Lauterbach,

für dort belegenes Vermögen des Schuldners[146]. Welche Auffassung den Vorzug verdient, braucht im Rahmen dieser Abhandlung nicht entschieden zu werden; die Entscheidung der Streitfrage ist für die Untersuchung der Einwirkung des Gesetzeszwecks auf den räumlichen Geltungsbereich einer Vorschrift nicht von Bedeutung. Vom Standpunkt der herrschenden Lehre aus ist das westdeutsche Umstellungsrecht nur auf Reichsmarkforderungen gegen Schuldner mit Wohnsitz in Westdeutschland anzuwenden; nach der neueren Auffassung gilt das westdeutsche Umstellungsrecht nur für den Rechtsverkehr in der Bundesrepublik, wenn Schuldnervermögen hier belegen ist.

Die währungsrechtliche Auffassung, die besagt, daß westdeutsches Umstellungsrecht nur anzuwenden ist, wenn der Schuldner seinen Wohnsitz in Westdeutschland hat, entscheidet zwar nur die Frage nach dem räumlichen Geltungsbereich des westdeutschen Umstellungsrechtes; sie gibt nicht auch eine Lösung aller kollisionsrechtlichen Fragen, die mit dem Zerfall Deutschlands in zwei Währungsgebiete und der Einführung verschiedener Währungen in West- und Ostdeutschland zusammenhängen. Wohl zu Unrecht glaubt aber Mann[147], daraus ein Argument gegen die währungsrechtliche Auffassung herleiten zu können. Man kann die oben dargelegte Regel zur Abgrenzung des räumlichen Geltungsbereiches des westdeutschen Umstellungsrechts, die durch seinen besonderen fiskalischen Zweck gefordert wird, nämlich nicht mit dem Hinweis darauf abtun, daß sie nicht alle mit dem Untergang der Reichsmarkwährung zusammenhängenden kollisionsrechtlichen Probleme löst.

Auf alle kollisionsrechtlichen Fragen, die durch die Währungsreform hervorgerufen wurden, braucht hier nicht eingegangen zu werden. Die Methode, den räumlichen Geltungsbereich der Wäh-

---

Vorbem. vor Art. 7 EG BGB, Ziff. 14 g dd; weitere ausführliche Nachweise aus Rechtsprechung und Schrifttum bei Soergel-Kegel, Fußn. 13 zu Vorbem. 484 vor Art. 7 EG BGB. — Auch die Macht zur Forderungsenteignung wird nach herrschender Lehre dem Staat zugesprochen, in dem der Schuldner seinen Wohnsitz hat: Seidl-Hohenveldern, S. 88 ff.; Raape, IPR, § 67 I 1, S. 675; weitere Nachweise aus Rechtsprechung und Schrifttum bei Soergel-Kegel, Fußn. 45 zu Vorbem. 427 vor Art. 7 EG BGB.

[146] BGHZ 29, 320 (327 f.); Soergel-Kegel, Vorbem. 484 vor Art. 7 EG BGB; Kegel, Probleme des internationalen Enteignungs- und Währungsrechts, S. 37; Kegel, IPR, § 23 III 3, S. 366. — Vgl. auch für Enteignung: Soergel-Kegel, Vorbem. 430 vor Art. 7 EG BGB; Lüderitz, JZ 61, 443.

[147] In Anm. zur Entsch. des OHG vom 4. 5. 1950, NJW 1950, S. 906 und in NJW 1953, S. 643 (645). Nach der Auffassung Manns handelt es sich bei der Feststellung des maßgebenden Umstellungsverhältnisses um ein materiellrechtliches Problem: Durch Vertragsauslegung müsse ermittelt werden, ob west- oder ostdeutsches Umstellungsrecht anzuwenden sei. Vgl. auch die Ausführungen Manns in „The legal Aspect of Money", S. 225 f.

rungsgesetze nach ihrem Zweck zu bestimmen, kann bei manchen dieser Fragen nicht angewandt werden. Hat beispielsweise der Schuldner einer Reichsmarkverbindlichkeit seinen Wohnsitz weder in West-, noch in Ostdeutschland, so kann für die Bestimmung des maßgebenden Umstellungsstatuts aus dem Zweck der Währungsgesetze nichts hergeleitet werden. Mit der Währungsreform zusammenhängende kollisionsrechtliche Fragen, deren Lösung in anderer Weise erfolgt als unter Heranziehung des Gesetzeszweckes, sind aber im Rahmen der vorliegenden Abhandlung nicht zu erörtern, weil hier nur interessiert, inwieweit der räumliche Geltungsbereich der Währungsgesetze durch ihren Zweck beeinflußt wird.

Lediglich auf eine Frage ist bei der Untersuchung der Zusammenhänge zwischen den Zwecken der Währungsgesetze von 1948 und ihrem räumlichen Geltungsbereich noch einzugehen. Ähnlich wie das Aufwertungsgesetz enthält auch das Umstellungsgesetz eine Schuldnerschutzbestimmung, die gänzlich anderen Zwecken dient als das Gesetzgebungswerk im Ganzen. § 21 Abs. 4 des Umstellungsgesetzes bestimmte, daß Inhaber von Forderungen gegen das Deutsche Reich oder gegen aufgelöste Organisationen, die aus einer Lieferung oder einer sonstigen Leistung stammen, alle ihnen gegenüber ihren Vorlieferanten obliegenden Leistungen insoweit verweigern können, als sie selbst nicht befriedigt worden sind; entsprechendes soll für das Verhältnis mehrerer Vorlieferanten untereinander gelten.

Der Bundesgerichtshof stellte in einer Entscheidung vom 30. 9. 1952[148] fest, die Vorschrift des § 21 Abs. 4 UmstG könne auch zugunsten des Schuldners einer Forderung angewandt werden, die nach ostdeutschem Währungsrecht auf DM-Ost umgestellt worden sei. Zur Begründung führte der Bundesgerichtshof aus, zwischen der Vorschrift des § 21 Abs. 4 UmstG und der westdeutschen Währungsumstellung bestehe kein innerer Zusammenhang. Für den Erlaß dieser Vorschrift seien vielmehr andere Gründe bestimmend gewesen. Durch den Zusammenbruch nach dem Kriege sei das Deutsche Reich zahlungsunfähig geworden; Ansprüche gegen die aufgelösten politischen Organisationen hätten sich nicht mehr durchsetzen lassen. Bei dieser Sachlage wäre es unbillig gewesen, wenn die mit ihren Ansprüchen gegen das Reich und aufgelöste politische Organisationen zur Zeit ausgefallenen Lieferanten ihrerseits von ihren Unterlieferanten hätten in Anspruch genommen werden können. Teilweise habe man versucht, mit zeitlich begrenzten Verordnungen, die eine Aussetzung von Prozessen ermöglichten, unbilligen Härten vorzubeugen. § 21 Abs. 4 UmstG bezwecke eine dauernde Regelung für die Zeit, wäh-

[148] BGHZ 7, 231 (236—238) = JZ 1952, 720 (722); zustimmend Raape, IPR, 4. Aufl., § 53, III, S. 515; a. A.: Harmening-Duden, Vorbem. 5 zu Teil II des UmstG, S. 164 und Beitzke in Anm. zu der zitierten Entscheidung des BGH, JZ 1952, 722 f.

rend der die Hauptlieferanten das Reich und die aufgelösten Organisationen nicht in Anspruch nehmen könnten, indem er den Schuldnern beim Vorliegen seiner sachlichen Voraussetzungen ein Leistungsverweigerungsrecht gewähre. § 21 Abs. 4 UmstG solle also einem Mißstand abhelfen, der bereits lange vor der Umstellung der Währung zutage getreten sei und mit ihr nicht innerlich zusammenhänge. Abschließend stellte der Bundesgerichtshof fest, daß es für die Anwendung des § 21 Abs. 4 UmstG nach dem Wortlaut dieser Vorschrift, wie nach ihrem Sinn und Zweck als Schuldnerschutzbestimmung nicht darauf ankomme, in welchem Gebiet der Schuldner zur Zeit der Umstellung seinen Wohnsitz habe und nach welchem Währungsstatut die gegen ihn gerichtete Forderung umgestellt worden sei.

Die Untersuchungen über die Behandlung der im Jahre 1948 erlassenen westdeutschen Währungsgesetze im internationalen und interlokalen Privatrecht zeigen also, daß auch der räumliche Geltungsbereich dieser Vorschriften weitgehend nach ihrem Zweck bestimmt wurde: Die in § 16 Abs. 1 UmstG enthaltene Umrechnungsnorm ist, da sie ihrem Zweck nach einen enteignungsähnlichen Charakter hat, räumlich in demselben Umfang wie eine Enteignungsnorm anzuwenden: Nach herrschender Lehre gilt sie nur für Reichsmarkforderungen, die sich gegen einen in Westdeutschland wohnhaften Schuldner richten; nach der neueren Lehre[149] ist statt auf den Schuldnerwohnsitz auf die Lage des Schuldnervermögens abzustellen. Die Vorschrift des § 21 Abs. 4 UmstG stellt eine Schuldnerschutzbestimmung dar und steht in keinem inneren Zusammenhang mit der Währungsreform; der Bundesgerichtshof hat aus dem Zweck dieser Vorschrift gefolgert, daß sie auch angewandt werden kann, wenn der Schuldner seinen Wohnsitz nicht in Westdeutschland hat und die Forderung nach ostdeutschem Währungsrecht umgestellt worden ist.

IV. Ausländische Umrechnungsvorschriften anläßlich der Einführung neuer Währungen in den von Deutschland auf Grund des Versailler Vertrages abgetretenen Gebieten

Währungsänderungen erfolgten auch im Zusammenhang mit den Gebietsabtretungen, die Deutschland nach dem ersten Weltkrieg durch den Versailler Vertrag auferlegt wurden. Nach der Einführung der Pfundwährung im früheren Deutsch-Südwestafrika und der polnischen Mark in den ehemals preußischen Gebieten Polens untersuchten Rechtsprechung und Rechtslehre in Deutschland eingehend die Auswirkungen dieser Maßnahmen auf Schuldverhältnisse, die

[149] Vgl. oben Fußn. 146.

Anknüpfungsmomente sowohl zum abgetretenen Gebiet wie auch zum restlichen Reichsgebiet aufwiesen.

Die polnische Mark wurde im ehemals preußischen Gebietsteil Polens durch das polnische Valutagesetz vom 20. 11. 1920 als alleiniges gesetzliches Zahlungsmittel eingeführt. Art. 1 dieses Gesetzes bestimmte, daß die deutsche Mark aufhöre, gesetzliches Zahlungsmittel zu sein, und künftig die polnische Mark auch in den ehemals preußischen Gebietsteilen alleiniges gesetzliches Zahlungsmittel sei. Nach Art. 2 des polnischen Valutagesetzes mußten alle auf deutsche Mark lautenden Verpflichtungen in polnischer Mark erfüllt werden; dabei war für jede geschuldete deutsche Mark eine polnische Mark zu zahlen[150].

Das ehemalige Deutsch-Südwestafrika wurde im Jahre 1920 als Mandatsgebiet des Völkerbundes der Verwaltung der südafrikanischen Union unterstellt. Der neue Souverän erließ am 15. 12. 1920 eine Verordnung, derzufolge alle unter der Markwährung eingegangenen Vorbesetzungsschulden in Pfund Sterling zu erfüllen waren; der Umrechnungskurs wurde auf ein Pfund Sterling für 20 Mark festgesetzt.

In der Folgezeit hatten sich die deutschen Gerichte häufig mit der Frage zu befassen, inwieweit die genannten Währungsvorschriften auf Rechtsverhältnisse einwirkten, die sowohl zum abgetretenen Gebiet als auch zum Reichsgebiet nach dem Stande von 1920 Anknüpfungsmomente aufwiesen (sei es, daß die Vertragsparteien ihren Wohnsitz im Reichsgebiet hatten, sei es, daß der Erfüllungsort dort lag). Dabei war nicht nur der räumliche Geltungsbereich der ausländischen Umrechnungsnormen festzustellen, sondern – ähnlich wie bei der Einführung der Deutschen Mark – auch der Geltungsbereich der Bestimmungen, durch die eine neue Währung anstelle der vorher im abgetretenen Gebiet geltenden Markwährung eingeführt wurde[151]. Die deutschen Gerichte entschieden zumeist, daß ein Schuldverhältnis von der Währungsgesetzgebung des neuen Souveräns dann erfaßt würde, wenn beide Parteien ihren Wohnsitz im abgetretenen Gebiet hätten, oder beide Parteien sich übereinstimmend dem neu eingeführten Recht unterworfen hätten; nur wenn beide Parteien örtlich dem Machtbereich des neuen Souveräns unterstünden oder sich dessen Rechtsvorschriften unterworfen hätten, könnten die öffentlich-rechtlichen Währungsbestimmungen des neuen Sou-

---

[150] Der Text dieser Vorschriften ist mitgeteilt in dem Aufsatz von Reiß, JW 1921, 1415.

[151] Die Frage nach dem Geltungsbereich einer Norm, durch die eine neue Währung anstelle einer anderen eingeführt wird, tritt überhaupt nur dann auf, wenn ein einheitliches Währungsgebiet zerfällt, nicht aber, wenn innerhalb eines fortbestehenden einheitlichen Währungsgebietes eine neue Währung anstelle der untergegangenen eingeführt wird.

veräns das zwischen ihnen bestehende Schuldverhältnis beeinflussen[152]. Teilweise, insbesondere bezüglich des polnischen Valutagesetzes, wurde statt auf den Wohnsitz der Parteien auf den Erfüllungsort abgestellt und der ausländischen Währungsgesetzgebung ein Einfluß auf das Schuldverhältnis nur dann eingeräumt, wenn der Erfüllungsort im abgetretenen Gebiet lag[153].

Der Geltungsbereich des polnischen Valutagesetzes vom 20. 11. 1920 und der in ehemals Deutsch-Südwestafrika am 15. 12. 1920 erlassenen Währungsproklamation wurde jedoch nicht immer auf diese Weise bestimmt. Vereinzelt hat man – unter Außerachtlassung des öffentlich-rechtlichen Charakters der genannten Währungsbestimmungen – die Fälle rein internationalprivatrechtlich gelöst und die Anwendung der von dem neuen Souverän erlassenen Währungsvorschriften davon abhängig gemacht, daß die allgemeinen Regeln des internationalen Schuldrechts auf das Recht des abgetretenen Gebiets verwiesen[154].

Die Anwendung des polnischen Valutagesetzes vom 20. 11. 1920 ist teilweise auch mit dem Hinweis auf Art. 30 EG BGB abgelehnt worden. Zu Beginn der 20er Jahre sank der Wert der polnischen Mark zunächst schneller als der der deutschen Mark, so daß der im polnischen Valutagesetz vorgesehene Umrechnungskurs zwischen polnischer und deutscher Mark sehr bald im krassen Mißverhältnis zum tatsächlichen Wert beider Währungen stand[155]. Wegen dieses Mißverhältnisses hat man häufig gesagt, der im polnischen Valutagesetz vom 20. 11. 1920 festgelegte Umrechnungskurs bedeute eine Benachteiligung der deutschen Gläubiger und der deutschen Wirtschaft, die große Summen im abgetretenen Gebiet investiert hätten. Seine Anwendung gegenüber deutschen Gläubigern würde dem Zweck der deutschen Rechtsordnung, das Wohl des deutschen Reiches zu fördern, zuwiderlaufen. Die Anwendung des polnischen Valutagesetzes

---

[152] So bezüglich der in ehemals Deutsch-Südwestafrika erlassenen Währungsproklamation: RGZ 107, 121 (123); RGZ 131, 41 (49) = IPRspr. 1931, Nr. 4 (die Berufungsinstanz, das OLG Hamburg, hatte in der Entscheidung vom 8. 1. 1930 — IPRspr. 1930, Nr. 7 — nur auf den Willen der Parteien abgestellt, sich dem neu eingeführten Recht zu unterwerfen); RGZ 131, 1 (14); RGZ 152, 53 (59).

So bezügl. des polnischen Valutagesetzes vom 20. 11. 1920: RGZ 121, 337 (344); 139, 76 (81); OLG Frankfurt a. M., 9. 11. 1922, JW 1923, 130 f.; KG 4. 4. 1922, JW 1922, 1134 (1135); Haase, JW 1920, 931 (933). Vgl. auch RG 30. 4. 1931, IPRspr. 1931, Nr. 34 bezüglich § 6 des tschechoslowakischen Gesetzes vom 10. 4. 1919, wonach auf österreichische Kronen lautende Schuldverhältnisse (aus der Zeit vor der Einführung der tschechischen Kronenwährung) durch tschechische Kronen im Verhältnis 1 : 1 erfüllt werden konnten.

[153] Reiß, JW 1921, 1415; Goldschmidt, JW 1921, 1412 (1413).

[154] RG 7. 12. 1921, JW 1922, 1120 (1121); Brink, JW 1921, 435 (437).

[155] Vgl. hierzu die Entscheidung des KG vom 10. 2. 1923, JW 1924, 713.

müsse daher, soweit deutsche Gläubiger betroffen seien, nach Art. 30 EG BGB abgelehnt werden[156]. Richtig ist dabei erkannt worden, daß ausländische wirtschaftspolitische Vorschriften, die Kampfmaßnahmen gegen Inländer darstellen, gegen die deutsche öffentliche Ordnung verstoßen und daher im Inland nicht anzuwenden sind[157]. Übersehen wurde aber, daß der im polnischen Valutagesetz vom 20. 11. 1920 festgelegte Umrechnungskurs keine Kampfmaßnahme darstellte; dieser Umrechnungskurs wich nämlich zur Zeit des Erlasses des Gesetzes nicht allzu sehr vom tatsächlichen Wertverhältnis beider Währungen ab; das Mißverhältnis zwischen Umrechnungsnorm und tatsächlicher Wertrelation, das sich später einstellte, war nicht beabsichtigt, sondern lediglich eine Folge des raschen Verfalls der polnischen Währung[158].

Bisweilen ist auch ein rein räumlich beschränkter Geltungs w i l l e der genannten Währungsvorschriften angenommen worden. Das polnische Valutagesetz vom 20. 11. 1920, durch das anstelle der deutschen Mark im ehemals preußischen Gebietsteil Polens als gesetzliches Zahlungsmittel die polnische Mark eingeführt wurde, bildete ein Teilstück der polnischen Währungsgesetzgebung, durch die für den neuen polnischen Staat eine einheitliche Währung geschaffen werden sollte[159]. Man glaubte, aus diesem Zweck des polnischen Valutagesetzes, wie auch aus dem Wortlaut seiner Bestimmungen[160], folgern zu können, daß das Gesetz nur auf innerpolnische Zahlungsvorgänge, nicht dagegen auf Schuldverhältnisse anzuwenden sei, die eine Überweisung ins Ausland zum Gegenstand hatten[161]. Ähnlich

---

[156] KG, 25. 2. 1922, JW 22, 398; KG 4. 3. 1922, JW 22, 1131 (1134); KG 28. 4. 1922, JW 22, 1137; KG 28. 10. 1922, JW 23, 128 (129 f.); Nußbaum, Das Geld, S. 162; Haase in Anm. zur Entscheidung des KG vom 28. 10. 1922, JW 23, 128; Haase, JW 20, 931 (933); Reiß, JW 21, 1415 (1416 f.). — In diesem Zusammenhang ist teilweise verkannt worden, daß die Nichtanwendung ausländischen Rechtes im Einzelfall kein Vergeltungsrecht i. S. des Art. 31 EG BGB darstellt, vgl. OLG Jena, 17. 7. 1922, JW 23, 131; Goldschmidt, JW 1921, 1412 (1415); Dykbandt, JW 1921, 886; richtig demgegenüber KG, 28. 10. 1922, JW 23, 128 (130) unter Berufung auf RGZ 103, 259 (261).

[157] Vgl. Kegel in Kegel-Rupp-Zweigert, S. 46, Anm. 2; Soergel-Kegel, Vorbem. 227 vor Art. 7 EG BGB; Zweigert, ZAIP 1942, 283 (304 f.).

[158] KG, 10. 2. 1923, JW 1924, 713 f.; Kann, JW 1922, 372 (373).

[159] KG, 10. 2. 1923, JW 24, 713 f.; Kann, JW 1922, 372 (373).

[160] In Art. 1 des poln. Valutagesetzes hieß es: „Das einzige gesetzliche Zahlungsmittel auf dem Territorium des ehemals preußischen Gebietsteiles ist die polnische Mark." (Mitgeteilt bei Reiß, JW 1921, 1415).

[161] Vgl. RG, 5. 12. 1922, JW 24, 1357 (1359); KG, 25. 2. 1922, JW 22, 398; Haase, JW 1920, 931 (932 f.); ähnlich auch Kann (JW 1922, 372 f.), der darauf abstellt, ob das Schuldverhältnis seinen Sitz im abgetretenen Gebiet hat. Das RG weist auf die Beziehungen zwischen Gesetzeszweck und

findet sich auch in einigen Entscheidungen, welche die in ehemals Deutsch-Südwestafrika erlassene Währungsproklamation betrafen, der Gedanke, daß diese Währungsverordnung möglicherweise nur die Regelung des örtlichen Zahlungsverkehrs beabsichtige[162].

Vom Standpunkt der heutigen Rechtsauffassung läßt sich hinsichtlich des räumlichen Geltungsbereichs des polnischen Valutagesetzes und der in ehemals Deutsch-Südwestafrika erlassenen Währungsproklamation Folgendes feststellen: Durch die Einführung der Währung des annektierenden Staates in den abgetretenen Gebieten sollte deren Eingliederung in die Volkswirtschaft des annektierenden Staates vollzogen werden. Die Währungsvorschriften, durch die in den abgetretenen Gebieten neue Währungen eingeführt wurden, hatten somit staats- und wirtschaftspolitischen Charakter. Sie waren insoweit zu berücksichtigen, als der gesetzgebende Staat die Macht hatte, ihre Durchsetzung zu erzwingen (Machtprinzip). Nach der heute herrschenden Auffassung hat Macht über ein Schuldverhältnis grundsätzlich der Staat, in dessen Gebiet der Schuldner seinen Wohnsitz hat, denn nur dieser Staat ist in der Lage, seine gesetzgeberischen Anordnungen im Hinblick auf das Schuldverhältnis durchzusetzen[163]. Das polnische Valutagesetz und die südwestafrikanische Währungsproklamation waren anzuwenden, wenn der Schuldner seinen Wohnsitz im abgetretenen Gebiet hatte, andernfalls nicht; gleichgültig war es für die Anwendung dieser Vorschriften, wo der Gläubiger seinen Wohnsitz hatte und in welchem Gebiet der Erfüllungsort lag. Nach der neueren Auffassung über das Machtprinzip[164] galten die genannten Währungsgesetze nicht für den Rechtsverkehr außerhalb des Eingriffsstaates, falls Schuldnervermögen außerhalb dieses Staates belegen war.

Die Anwendung des polnischen Valutagesetzes gegenüber in Deutschland wohnhaften Gläubigern konnte nicht unter dem Gesichtspunkt des ordre public mit dem Hinweis darauf abgelehnt werden, daß das Gesetz ein Kampfgesetz gegen die deutschen Gläubiger darstelle; denn mit dem polnischen Valutagesetz war eine Benachteiligung deutscher Gläubiger nicht bezweckt[165]. Allerdings bedeutete der feste Umrechnungskurs zwischen polnischer Mark und deutscher Mark objektiv eine Benachteiligung der Gläubiger der in polnische Mark umgewandelten Forderungen. Darauf hätte man die Nichtanwendung des polnischen Valutagesetzes aber nur stützen können, wenn man die Aufrechterhaltung des nicht mehr wertge-

---

Geltungsbereich hin, während das KG und Haase den räumlich beschränkten Geltungswillen aus dem Wortlaut des Gesetzes ableiten.

[162] RGZ 131, 41 (49); 152, 53 (59 f.).

[163] Vgl. oben S. 47; Belege in Fußn. 145.

[164] Vgl. oben S. 47 f.; Belege in Fußn. 146.

[165] Vgl. oben S. 53 und Fußn. 158.

rechten Umrechnungsverhältnisses als entschädigungslose Enteignung angesehen hätte[166] und – entgegen der heute wohl einhellig herrschenden Ansicht[167] – der Meinung gewesen wäre, daß entschädigungslose Enteignungen Ausländern gegenüber nichtig sind, selbst wenn der Staat sie vornimmt, in dessen Machtbereich sich die enteigneten Gegenstände befinden[168].

Hat der deutsche Richter auch die entschädigungslose Enteignung einer Forderung durch den Staat, in dem der Schuldner seinen Wohnsitz hat, anzuerkennen, so hätte, falls der Schuldner in Polen wohnte, die Nichtanwendung des polnischen Valutagesetzes gegenüber einem in Deutschland wohnhaften Gläubiger allenfalls mit einem beschränkten Geltungswillen des polnischen Valutagesetzes begründet werden können. Es ist zutreffend darauf hingewiesen worden, daß das polnische Valutagesetz zu den Maßnahmen gehörte, die die Herstellung eines einheitlichen polnischen Währungsgebietes bezweckten[169]. Zur Erreichung dieses Zweckes brauchten von der Umstellung auf polnische Mark nicht diejenigen Schuldverhältnisse erfaßt zu werden, bei deren Erfüllung sich der Zahlungsvorgang außerhalb Polens abspielte. Die Umstellungsnormen des polnischen Valutagesetzes vom 20. 11. 1920 waren also entsprechend dem Zweck dieses Gesetzes sicherlich nicht anzuwenden, wenn ein zur Zeit ihres Inkrafttretens im Reichsgebiet wohnender Schuldner einem dort wohnenden Gläubiger aus einem im abgetretenen Gebiet begründeten Schuldverhältnis Mark schuldete[170]. Diese Normen waren umgekehrt gewiß auf Markforderungen zwischen im abgetretenen Gebiet (oder Polen) wohnenden Vertragsparteien anzuwenden. Zweifelhaft sind die Fälle, in denen das Schuldverhältnis durch eine Überweisung von Polen nach Deutschland zu erfüllen war. Es läßt sich nicht sagen, daß diese Schuldverhältnisse von den Umstellungsvorschriften des polnischen Valutagesetzes im Hinblick auf dessen Zweck, die Währungseinheit in Polen zu schaffen, nicht erfaßt worden seien, weil die Auszahlung des Geldbetrages an den Gläubiger außerhalb Polens erfolgen

---

[166] Vgl. Kegel, Probleme des internationalen Enteignungs- und Währungsrechts, S. 37.

[167] OLG Hamburg, 8. 5. 1951, MDR 51, 560 (561); Soergel-Kegel, Vorbem. 419 vor Art. 7 EG BGB; Kegel, IPR, § 23 II 2, S. 355; Beitzke in Festschrift für Raape, S. 95 unter I; Seidl-Hohenveldern, S. 43 unter 1.

[168] So Haase, JW 1920, 931 (933) unter C 2. — Demgegenüber nimmt die heutige Auffassung (siehe Fußn. 167) an, daß die entschädigungslose Enteignung von Gegenständen, die sich im enteignenden Staat befinden, anzuerkennen ist, auch wenn Ausländer betroffen sind; nur bleibt der enteignende Staat zur Entschädigung verpflichtet.

[169] Siehe S. 53 und Fußn. 159.

[170] Dies würde sich aber auch aus der Anwendung des Machtprinzips ergeben, vgl. oben, S. 54.

sollte[171]. Auch bei diesen Schuldverhältnissen spielte sich nämlich ein Teil des Zahlungsvorganges auf polnischem Gebiet ab. Der in Polen wohnhafte Schuldner mußte den zu überweisenden Betrag (oder dessen Gegenwert) in Polen bei einem Überweisungsinstitut einzahlen. Wären die auf eine Überweisung ins Ausland zielenden Schuldverhältnisse von der Umstellung auf polnische Mark nicht erfaßt worden, so hätte der Schuldner entweder deutsche Mark einzahlen müssen oder einen dem tatsächlichen Wertverhältnis zwischen deutscher und polnischer Mark entsprechenden Betrag in Polenmark. Damit hätte in Polen im Hinblick auf eine bestimmte Gruppe von Rechtsverhältnissen praktisch doch eine Doppelwährung bestanden. Aus dem Zweck des polnischen Valutagesetzes, ein einheitliches polnisches Währungsgebiet zu schaffen, ließ sich folglich nicht zwingend herleiten, daß der polnische Gesetzgeber die Forderungen von Ausländern in die durch das polnische Valutagesetz vom 20. 11. 1920 getroffene Regelung nicht einbeziehen wollte. Damit entfiel auch die Möglichkeit, die Nichtanwendung des polnischen Valutagesetzes gegenüber deutschen Gläubigern auf einen beschränkten Geltungswillen dieses Gesetzes zu stützen. Der Geltungsbereich des polnischen Valutagesetzes konnte hiernach nur mit Hilfe des Machtprinzips[172] bestimmt werden.

---

171 Gleiches gilt für den Versuch, den beschränkten Geltungswillen auf den Wortlaut des Art. 1 poln. ValutaG. („Das einzige gesetzliche Zahlungsmittel auf dem Territorium des ehemals preußischen Gebietsteiles ...") zu stützen.

172 Vgl. oben, S. 54.

C. GOLDKLAUSELVERBOTE UND ZWANGSKURS-GESETZGEBUNG

I. Die amerikanische Joint Resolution vom 5. 6. 1933

Auf den Zusammenhang zwischen Gesetzeszweck und räumlichem Geltungsbereich einer Vorschrift ist nicht nur bei Währungsumrechnungsnormen, sondern insbesondere auch bei Goldklauselverboten immer wieder hingewiesen worden. Vor allem bei der amerikanischen Joint Resolution vom 5. 6. 1933[173] haben die Gerichte verschiedener Staaten aus dem Zweck des Gesetzes auf einen beschränkten räumlichen Geltungswillen geschlossen. Nach diesem Gesetz konnten alle auf die Währung der Vereinigten Staaten lautenden Geldforderungen durch Zahlung von Papierdollar zum Nennwert erfüllt werden; gleichzeitig wurden alle Vereinbarungen für nichtig erklärt, die dem Gläubiger das Recht einräumten, Zahlung in Goldmünzen oder nach dem Werte der Goldmünzen zu fordern. Diese Maßnahme wurde damit begründet, daß – wie es in der Präambel des Gesetzes hieß – Goldmünz- und Goldwertklauseln den erklärten Zielen des Kongresses zuwiderliefen, zu allen Zeiten auf den Märkten und für die Zahlung von Geldschulden die gleiche Kaufkraft eines jeden von den Vereinigten Staaten ausgegebenen Dollars zu erhalten.

Es hatte wohl kaum je ein Währungsgesetz im internationalen Rechtsverkehr eine solche Bedeutung wie die amerikanische Joint Resolution vom 5. 6. 1933. Dies liegt daran, daß private Unternehmen und öffentliche Körperschaften aus den meisten europäischen Staaten in den USA Anleihen aufgenommen und Rückzahlung in Golddollar versprochen hatten. Die Gerichte vieler europäischer Staaten hatten daher über Klagen aus Schuldverschreibungen dieser Anleihen zu entscheiden und dabei den räumlichen Geltungsbereich der Joint Resolution zu bestimmen.

Für die außeramerikanischen Gläubiger war die Frage, ob die Joint Resolution auf ihre Dollarforderungen angewandt wurde oder nicht, insbesondere deshalb von Bedeutung, weil der Wert des Dollars im Verhältnis zu ihren einheimischen Währungen infolge der Dollarabwertung im Jahre 1934 erheblich gesunken war[174].

---

[173] Text dieses Gesetzes: ZAIP 1933, 489.

[174] Vgl. KG, 7. 3. 1935, IPRspr. 1934, Nr. 92, S. 189.

In den USA ist die Bestimmung der internationalen Tragweite der Joint Resolution weitgehend den Gerichten überlassen worden. Das amerikanische Schatzamt hatte auf eine Anfrage am 25. 6. 1933 erklärt, daß die räumliche Geltung des Gesetzes „mehr von der Entscheidung kompetenter Gerichte in Fragen des IPR abhänge, als von seiner Auslegung durch eine Verwaltungsbehörde"[175].

Man hat – zu Recht – gesagt, wenn ein Staat durch Gesetz alle Goldsicherungsklauseln aufhebe, um die Kaufkraft seiner Papierwährung zu erhalten, dann erfasse dieses Gesetz entsprechend seinem Zweck nur die in der Währung jenes Staates ausgedrückten Geldschulden[176]. Die Joint Resolution vom 5. 6. 1933 war nach ihrem Wortlaut nur auf Geldschulden anzuwenden, die in der Währung der Vereinigten Staaten zahlbar waren. Schwierigkeiten ergaben sich bei der Anwendung dieses Gesetzes, wenn in Inhaberschuldverschreibungen den Gläubigern Zahlung nicht nur in US-Dollar (in Goldmünzen oder nach dem Goldwert) versprochen war, sondern – nach ihrer Wahl – auch Zahlung in einer oder mehreren fremden Währungen. Eine derartige Vereinbarung hat entweder die Bedeutung einer „option de change" (alternativen Währungsklausel) oder die einer sogenannten „option de place". Bei der alternativen Währungsklausel kann der Gläubiger – nach seiner Wahl – an einem von mehreren Zahlungsorten in verschiedenen Staaten Leistung einer bestimmten Summe der am Zahlungsort geltenden Währung fordern. Dagegen wird bei der „option de place" der Schuldinhalt durch eine einzige Währung bestimmt; den Gläubigern ist nur zu ihrer Bequemlichkeit das Recht eingeräumt, den Schuldbetrag an ausländischen Zahlungsorten in der dortigen Landeswährung nach dem Umrechnungskurs des Zahlungstages zu fordern[177].

1. Der Geltungsbereich der Joint Resolution nach der Rechtsprechung der amerikanischen Gerichte

Die Rechtsprechung der amerikanischen Gerichte zur Frage der Anwendung der Joint Resolution auf Schuldverschreibungen, deren Erfüllung in Dollar oder nach Wahl des Gläubigers an einem ausländischen Zahlungsorte in der dort geltenden Währung zu erfolgen hatte, ist nicht einheitlich. Zunächst verfuhren die Gerichte recht großzügig; in den älteren Entscheidungen wurde das Versprechen, dem Gläubiger nach seiner Wahl in den USA den Schuldbetrag in

---

[175] Vgl. Wahl, Rechtsgutachten, Niemeyers Z 52, 277 (283); KG, 7. 3. 1935, IPRspr. 1934, Nr. 92, S. 187.

[176] Neumeyer, Internationales Verwaltungsrecht, III, 2, 339.

[177] Vgl. Rabel, ZAIP 1936, 492 (496); RGZ 126, 196 (201); Raape, IPR, § 52 V, 537 ff.

Dollar oder an einem ausländischen Zahlungsort einen festen Betrag der dortigen Landeswährung zu zahlen, als alternative Währungsklausel aufgefaßt. Dabei wurde zumeist ausgeführt, die Joint Resolution wolle nach ihrem Wortlaut nur Geldschulden erfassen, die in der Währung der Vereinigten Staaten zahlbar seien. Wie sich aus der Präambel ergebe, habe der Gesetzgeber den Schutz der amerikanischen Währung bezweckt und das Entstehen einer Doppelwährung durch die unterschiedliche Bewertung von Goldmünzen und Papierdollar verhindern wollen. Die Joint Resolution erfasse daher nicht die durch eine alternative Währungsklausel begründete Verpflichtung des Schuldners, dem Gläubiger nach seiner Wahl an einem ausländischen Zahlungsort einen festen Betrag der dortigen Landeswährung zu zahlen; denn dabei handele es sich um eine Fremdwährungsschuld, nicht aber um eine in der Währung der USA zu erfüllende Verbindlichkeit. Mit dieser Begründung wurde die Anwendung der amerikanischen Joint Resolution auf Schuldverschreibungen mit alternativer Währungsklausel jedenfalls dann abgelehnt, wenn der Inhaber der Obligation nicht amerikanischer Staatsangehöriger war; die Schuldner, die sich geweigert hatten, den Gläubigern an ausländischen Zahlungsorten den in der Obligation versprochenen Betrag der ausländischen Währung zu zahlen, wurden verurteilt, als Schadensersatz in Dollar den Gegenwert des vom Gläubiger in ausländischer Währung verlangten Betrages zu zahlen[178]. In einigen Fällen wurde auch der Klage amerikanischer Staatsbürger stattgegeben, die unter Berufung auf eine alternative Währungsklausel den Gegenwert des in ausländischer Währung ausgedrückten Schuldbetrages verlangt hatten[179].

Demgegenüber stehen einige andere Entscheidungen, in denen zwar anerkannt wurde, daß die Rechte ausländischer Gläubiger aus alternativen Währungsklauseln durch die Joint Resolution nicht beeinträchtigt worden seien, amerikanischen Gläubigern die Vergünstigungen aus derartigen Klauseln aber versagt wurden. Zur Begründung wurde angeführt, die Joint Resolution erfasse nach ihrem Wortlaut alle Geldschulden, die in der Währung der USA zu erfüllen

---

[178] Zurich General Accident & Liability Ins. Co., Limited, v. Bethlehem Steel Co. (11. 1. 1939) 18 NE/2nd, 673; Anglo-Continentale Treuhand A. G., v. St. Louis Southwestern Ry. Co. (13. 1. 1936), 81 Fed. Rep./2nd 11; Anglo-Continentale Treuhand, A. G., v. Southern Pac. Co. (30. 12. 1936), 299 NYS, 859 (861).

[179] Mc Adoo v. Southern Pac. Co. (17. 6. 1935), 10 Fed. Suppl. 953; Supreme Court of New York, 21. 1. 1935, inhaltlich mitgeteilt in ZAIP 1935, 274; die gleiche Auffassung wurde vertreten in: Anglo Continentale Treuhand, A. G., v. St. Louis Southwestern Ry. Co. (13. 1. 1936), 81 Fed. Rep./2nd, 11; ebenso Richter Merrell in: City Bank Farmers Trust Co. v. Bethlehem Steel Co., 280 NYS, 497/501 ff. (dissenting opinion).

seien; auch Dollarschulden aus Schuldverschreibungen mit alternativer Währungsklausel seien in der Währung der USA zu erfüllende Verbindlichkeiten. Daran ändere auch die Tatsache nichts, daß die Schuld nach der Wahl des Gläubigers in einer anderen Währung erfüllt werden könne. Das gesamte Schuldverhältnis sei nämlich als Einheit zu betrachten. Die Abwertung des Dollars habe die amerikanische Wirtschaft auf eine neue Grundlage gestellt. Es wäre ungerecht, wenn ein amerikanischer Gläubiger, der den amerikanischen Gesetzen unterliege, von einem amerikanischen Schuldner, der sein gesamtes Einkommen in abgewerteter Währung erhalte, Zahlung des Goldwertes verlangen könnte[180]. Seien Obligationen nach Erlaß der Joint Resolution von einem amerikanischen Inhaber an einen Ausländer in der Absicht übertragen worden, die Auswirkungen der Joint Resolution zu umgehen, dann sei diese auch dem ausländischen Gläubiger gegenüber anzuwenden[181].

Die Feststellung, daß (ausländische) Inhaber von Dollar-Schuldverschreibungen mit alternativer Währungsklausel durch die Joint Resolution nicht gehindert seien, an ausländischen Zahlungsorten den versprochenen Betrag der dort geltenden Währung zu fordern, beruhte teilweise auch auf der Anwendung der Regel, daß die Erfüllung eines Schuldverhältnisses von dem Recht des Erfüllungsortes beherrscht wird. Nach dieser Regel konnte die Joint Resolution nur Schuldverhältnisse erfassen, die in den USA zu erfüllen waren, nicht aber das im Ausland zu erfüllende Versprechen, dem Gläubiger einen festen Betrag einer ausländischen Währung zu zahlen. Die amerikanischen Gerichte erklärten, es sei nicht anzunehmen, daß der amerikanische Gesetzgeber unter Verletzung der „mutual comity" der Joint Resolution einen weiteren geltenden Geltungsbereich habe beilegen wollen[182].

Später gingen die amerikanischen Gerichte dann dazu über, die Joint Resolution auf alle Schuldverschreibungen mit alternativer Währungsklausel anzuwenden, auch auf solche, die sich bereits bei Erlaß des Gesetzes in der Hand von Ausländern befanden. Alle auf Dollar lautenden Schuldverschreibungen konnten nach dieser Rechtsprechung durch Zahlung von Papierdollar zum Nennwert getilgt

[180] Anglo-Continentale Treuhand, A. G., v. Southern Pac. Co. (30. 12. 1936), 299 NYS, 859; City Bank Farmers Trust Co. v. Bethlehem Steel Co. (31. 5. 1935) 280 NYS, 494.

[181] Anglo-Continentale Treuhand, A. G., v. Southern Pac. Co., 299 NYS, 859.

[182] Anglo-Continentale Treuhand, A. G., v. St. Louis Southwestern Ry. Co. (13. 1. 1936), 81 Fed. Rep./2nd, 11; Central Hanover Bank & Trust Co. v. Siemens u. Halske Aktiengesellschaft et al. (15. 4. 1936), 15 Fed. Suppl. 927; vgl. auch Richter Merrell (dissenting opinion) in City Bank Farmers Trust Co. v. Bethlehem Steel Co., 280 NYS, 497 (501 unten).

werden, gleich ob dem Gläubiger das Recht vorbehalten war, an ausländischen Zahlungsorten einen festen Betrag der dortigen Währung zu fordern oder nicht. Zur Begründung beriefen sich die Gerichte wiederum auf den Wortlaut und den Zweck des Gesetzes. Auch in diesen Entscheidungen wurde davon ausgegangen, daß die Joint Resolution ihrem Wortlaut nach nur in der Währung der Vereinigten Staaten ausgedrückte Geldschulden erfasse; zu den in der Währung der Vereinigten Staaten zu erfüllenden Geldschulden zählten die Gerichte aber auch Dollarschulden mit alternativer Währungsklausel. Sie führten aus: Die Obligation sei als Einheit zu betrachten. Der Umstand, daß der Gläubiger durch die Ausübung seines Wahlrechts die Erfüllung der Schuld in ausländischer Währung erreichen könne, ändere nämlich nichts daran, daß die Obligation vor der Ausübung des Wahlrechts auch in amerikanischer Währung habe erfüllt werden können. Diese Auslegung der Joint Resolution werde auch durch den Zweck des Gesetzes gefordert. Das Gesetz habe das Entstehen einer Doppelwährung in den USA verhindern sollen. Der Gesetzgeber habe zu diesem Zweck alle Vereinbarungen für unwirksam erklärt, die dem Gläubiger ein Recht einräumten

a) auf Zahlung in Gold,
b) auf Zahlung einer bestimmten Art von Münzen oder Gold der Vereinigten Staaten oder
c) auf Zahlung eines nach dem Goldwert oder dem Wert einer bestimmten amerikanischen Münzart zu berechnenden Betrages in amerikanischer Währung[183].

Es hätten also alle Absprachen außer Kraft gesetzt werden sollen, durch die ein Schuldner, der sich zur Zahlung von Dollar verpflichtet habe, gezwungen werden könne, einen höheren als den versprochenen Dollarbetrag zu zahlen. Auch bei einer alternativen Währungsklausel werde der Schuldinhalt von der Dollarwährung gelöst und durch den festen Wert einer ausländischen Währung bestimmt. Könnte der Gläubiger Zahlung in ausländischer Währung oder den Gegenwert der in ausländischer Währung berechneten Schuldsumme fordern, so bedeute dies wegen der Abwertung des Dollars, daß der Schuldner sich nicht durch Zahlung der versprochenen Dollarsumme befreien könnte, sondern zur Tilgung der Schuld einen höheren Dollarbetrag aufwenden müßte. Gerade dies widerspreche aber dem Zweck, den der Gesetzgeber bei Erlaß der Joint Resolution verfolgt habe, nämlich der Schaffung und Aufrechterhaltung einer einheitlichen amerikanischen Währung.

Da dieses Ziel nicht erreicht werden könne, wenn man alternative Währungsklauseln aufrechterhalte, müsse der Satz, daß alle in

[183] Guaranty Trust Co. of New York v. Henwood (22. 5. 1939), 59 Supr. Court Rep. 847 (850).

der Währung der Vereinigten Staaten zu erfüllenden Verbindlichkeiten durch Zahlung Dollar für Dollar getilgt werden könnten, auch für Schuldverschreibungen mit alternativer Währungsklausel gelten[184].

Die einzige Beschränkung des räumlichen Geltungsbereiches der Joint Resolution stellte in diesen Entscheidungen die Wendung dar, die Inhaber von Schuldverschreibungen mit alternativer Währungsklausel müßten sich die Anwendung der Joint Resolution jedenfalls dann gefallen lassen, wenn sie ihre Rechte in den USA, vor Gerichten der USA, durchzusetzen versuchten[185]. Wie zu entscheiden sei, wenn die Gläubiger vor ausländischen Gerichten klagten, könne dahingestellt bleiben[186].

Im Falle Guaranty Trust Co. of New York v. Henwood et al. war die Anwendung der Joint Resolution u. a. auch darauf gestützt worden, daß es sich bei den der Entscheidung zugrunde liegenden Obligationen um „domestic obligations" handele[187]. Im Falle Bethlehem Steel Co. v. Zurich General Accident & Liability Ins. Co., Limited, wurde jedoch ausgeführt, daß es für die Frage der Anwendbarkeit der Joint Resolution gleichgültig sei, ob die Anleihestücke nur im Inland zum Verkauf angeboten worden seien oder auch im Ausland; es sei weiter gleichgültig, ob sie sich in der Hand eines Inländers oder Ausländers befänden[188]. Damit wurde die Beschränkung der Anwendung der Joint Resolution auf „domestic obligations", die man aus den Urteilsgründen im Falle Guaranty Trust Co. of New York v. Henwood et al. herauslesen kann, praktisch wieder aufgehoben, jedenfalls, wenn man unter „domestic obligations" den Gegensatz zu einer internationalen Anleihe versteht, bei der die Schuldverschreibungen nicht nur im Heimatstaat des Schuldners, sondern auch im Ausland angeboten und ausgegeben werden.

Abgesehen von den Entscheidungen, die auf der Annahme beruhten, daß die Vergünstigungen aus einer alternativen Währungsklausel durch die Joint Resolution amerikanischen Obligationären genommen worden seien, nicht aber ausländischen Anleihegläubigern, beruhte die amerikanische Rechtsprechung auf dem Grundsatz, daß

---

[184] Guaranty Trust Co. of New York v. Henwood et al. (22. 5. 1939) 59 Supr. Court Rep. 847; Bethlehem Steel Co. v. Zurich General Accident a. Liability Ins. C., Limited, (22. 5. 1939), 59 Supr. Court Rep. 856; Zurich General Accident a. Liability Ins. Co., Limited, v. Lackawanna Steel Co. et al. (20. 10. 1937), 299 NYS 862.

[185] Bethlehem Steel Co. v. Zurich General Accident a. Liability Ins. Co., Limited, 59 Supr. Court Rep. 856 (857); Zurich General Accident a. Liability Ins. Co., Limited, v. Lackawanna Steel Co. et al., 299 NYS 862 (867).

[186] Zurich General Accident a. Liability Ins. Co., Limited, v. Lackawanna Steel Co. et al., a. a. O.

[187] 59 Supr. Court Rep. 853.

die Staatsangehörigkeit der Beteiligten für die Anwendung der Joint Resolution gleichgültig sei.

Dieser Grundsatz ist besonders deutlich im Falle Compañia de Inversiones Internacionales v. Industrial Mortgage Bank of Finland[189] herausgestellt worden. Eine kolumbianische Gesellschaft war Inhaberin von Schuldverschreibungen, die eine finnische Gesellschaft im Jahre 1924 in New York ausgegeben hatte. Diese Schuldverschreibungen lauteten auf Golddollar und waren in USA zahlbar. Das Gericht (Court of Appeals of New York) stellte fest, daß die Anleihe amerikanischem Recht unterlag, folgerte aber nicht unmittelbar daraus die Anwendbarkeit der Joint Resolution. Es führte vielmehr aus: Obwohl der Vertrag im allgemeinen amerikanischem Recht unterliege, müsse das Gericht die Wirkungen der Wertsicherungsklausel untersuchen, mit der die Parteien sich gegen die Folgen einer Abwertung des Dollars durch nationale Gesetze hätten schützen wollen. Daher müsse die Frage der Anwendbarkeit der Joint Resolution in diesem Rechtsstreit entschieden werden[190]. Zu untersuchen sei, ob der Kongreß die Macht und die Absicht gehabt habe, die Anwendung der Joint Resolution auf Schuldverschreibungen wie die, die den Gegenstand des Rechtsstreits bildeten, zu erstrecken. Es komme darauf an, ob der Kongreß wirklich ausländischen Schuldnern – im Gegensatz zu Inländern – die Möglichkeit habe belassen wollen, bei Anleihen Rückzahlung eines festen, gegen die Gefahren einer Inflation gesicherten Betrages zu versprechen. Das Gericht verneinte dies, indem es zunächst darauf hinwies, daß der Wortlaut der Joint Resolution auch deren Anwendung auf Anleihen ausländischer Schuldner decke. Aus dem Zweck des Gesetzes folgerte dann das Gericht, daß dieses Gesetz auch auf Anleihen ausländischer Schuldner angewandt werden müsse. Der Kongreß habe durch die Joint Resolution die Nachteile einer Doppelwährung ausschließen und den Bestand eines einheitlichen Währungssystems sichern wollen. Die Aufrechterhaltung von Goldklauseln in ausländischen Dollarschuldverschreibungen würde den Kongreß hindern, den gleichen Wert aller Geldarten der amerikanischen Währung aufrechtzuerhalten und wäre im Ergebnis in gewissem Umfang mit der Errichtung einer Doppelwährung gleichbedeutend. Die Durchsetzung derartiger Verpflichtungen widerspreche, gleich ob sie sich gegen einen ausländischen oder einheimischen Schuldner richte, der Währungspolitik des Kongresses[191].

---

[188] 59 Supr. Court Rep. 857.

[189] 198 NE 617.

[190] 198 NE 618.

[191] 198 NE 620.

Das Gericht stellte schließlich fest, daß die Joint Resolution selbst dann angewandt werden müßte, wenn für die Schuldverschreibungen im übrigen ausländisches Recht maßgeblich wäre, da es sich bei der in diesem Gesetz geregelten Materie um eine Angelegenheit der „public policy" handele[192]. Eine Einschränkung des räumlichen Geltungsbereiches kann allerdings auch aus dieser Entscheidung herausgelesen werden: Im Schlußsatz[193] heißt es, die Joint Resolution müsse in gleicher Weise auf ausländische und inländische Schuldverschreibungen angewandt werden, die in den Vereinigten Staaten zahlbar seien. Dies bedeutet eine Anerkennung der bereits erwähnten Regel, daß das Gesetz nur in den USA zu erfüllende Schuldverbindlichkeiten erfasse.

Versucht man, die amerikanische Rechtsprechung zum Geltungsbereich der Joint Resolution zusammenzufassen, so lassen sich folgende Leitgedanken herausstellen:

Zumindest, wenn ein ausländischer Gläubiger die Klage erhoben hatte, teilweise aber auch bei Klagen amerikanischer Staatsbürger, entschieden die amerikanischen Gerichte anfangs, die Joint Resolution habe das durch eine alternative Währungsklausel begründete Recht des Inhabers einer Schuldverschreibung, an einem ausländischen Zahlungsort einen festen Betrag der dortigen Währung zu fordern, nicht beeinträchtigt[194]. Später wurde dann der Satz, daß alle in der Währung der USA zu erfüllenden Verbindlichkeiten durch Zahlung Dollar für Dollar zu tilgen seien, auch auf Schuldverschreibungen mit alternativer Währungsklausel ausgedehnt[195]. Zur Begründung beider Auffassungen beriefen sich die Gerichte auf den Gesetzeszweck.

In vielen Entscheidungen wurde als Voraussetzung für die Anwendung der Joint Resolution angesehen, daß die Schuld in den Vereinigten Staaten zu erfüllen oder zahlbar war; teilweise stellte man auch darauf ab, ob der Gläubiger seine Rechte in den Vereinigten Staaten durchzusetzen versuchte[196].

Abgesehen von einigen Entscheidungen, in denen die Anwendung der Joint Resolution auf Schuldverschreibungen mit alternativer Währungsklausel von der Staatsangehörigkeit des Gläubigers abhängig gemacht wurde[197], vertraten die amerikanischen Gerichte bei der Anwendung der Joint Resolution – wieder unter Berufung auf den

---

[192] 198 NE 621.

[193] 198 NE 621.

[194] S. 58—59.

[195] S. 60—62.

[196] Vgl. die in Fußn. 182 aufgeführten Entscheidungen und Compañia de Inversiones Internacionales v. Industrial Mortgage Bank of Finland (19. 11. 1935) 198 NE 617 (621 a. E.).

[197] Vgl. die in Fußn. 180 zitierten Entscheidungen.

Gesetzeszweck – den Grundsatz der Gleichbehandlung von Inländern und Ausländern[198].

In fast allen amerikanischen Entscheidungen zum Geltungsbereich der Joint Resolution wurde die Frage nach dem maßgeblichen Schuldstatut überhaupt nicht angeschnitten. Der Court of Appeals of New York untersuchte eingehend, ob die Joint Resolution auf eine internationale Anleihe anzuwenden sei, nachdem er zweifelsfrei festgestellt hatte, daß die Anleihe amerikanischem (New Yorker) Schuldrecht unterlag[199]; das Gericht entschied schließlich, daß die Joint Resolution die Schuldverschreibungen selbst dann erfaßte, wenn für diese im übrigen ausländisches Recht maßgeblich wäre[200]. Lediglich in einer Entscheidung wurde die Anwendung der Joint Resolution auch mit dem Hinweis darauf begründet, daß das Schuldverhältnis amerikanischem Recht unterlag[201]. Jedoch ergibt sich aus dem Wortlaut dieser Entscheidung[202] nicht klar, ob nach der Auffassung des Gerichts die Anwendbarkeit der Joint Resolution unmittelbar daraus folgte, daß amerikanisches Schuldrecht die Verpflichtung beherrschte, oder ob es als entscheidend angesehen wurde, daß es sich bei den Schuldverschreibungen um „domestic obligations" handelte, die Maßgeblichkeit des amerikanischen Schuldrechts aber nur einer der Gründe für die Annahme war, die Schuldverschreibungen stellten „domestic obligations" dar. Aus der amerikanischen Rechtsprechung läßt sich danach kaum als Regel herleiten, die Anwendung der Joint Resolution hänge davon ab, daß amerikanisches Recht Schuldstatut sei.

2. Die deutsche Rechtsprechung zum räumlichen Geltungsbereich der amerikanischen Joint Resolution vom 5. 6. 1933

In Deutschland wurde allerdings weitgehend die Auffassung vertreten, daß die Joint Resolution auf ein Schuldverhältnis dann anzuwenden sei, wenn es amerikanischem Recht unterliege. Ähnlich wie bei den gesetzlichen Umrechnungsnormen berief man sich zur Begründung darauf, daß die Außerkraftsetzung der Goldklausel schuldrechtlichen Charakter habe, da durch diese Maßnahme der

---

198 Fußn. 189.

199 Compañia de Inversiones Internacionales v. Industrial Mortgage Bank of Finland, 198 NE 617 (618).

200 198 NE 621.

201 Guaranty Trust Co. of New York v. Henwood et al., 59 Supr. Court Rep. 847 (851).

202 Vgl. S. 851, Spalte 2 unter Ziff. [1].

Schuldinhalt geändert werde[203]. Folgt man dieser Auffassung, dann hatten die deutschen Gerichte die Joint Resolution auf eine amerikanischem Schuldrecht unterliegende Golddollarforderung selbst dann anzuwenden, wenn die Forderung einem deutschen Gläubiger zustand und sich gegen einen deutschen Schuldner richtete. Derartige Fälle waren nicht selten, weil bei fast allen von Deutschen in den USA aufgenommenen Anleihen die Maßgeblichkeit des amerikanischen Schuldrechts vereinbart worden war und deutsche Gesellschaften und Körperschaften häufig Stücke derartiger Anleihen angekauft hatten. Da die Anwendung der Joint Resolution auf amerikanischem Recht unterliegende Rechtsverhältnisse zwischen Deutschen im Ergebnis nicht befriedigte, versuchte man auf die verschiedenste Art zu begründen, daß die Joint Resolution derartige Rechtsverhältnisse nicht erfasse. So wurde behauptet, die Parteiverweisung auf das amerikanische Recht sei einschränkend auszulegen; die Parteien hätten sich zwar grundsätzlich dem amerikanischen Recht unterwerfen wollen; diese Verweisung sei jedoch nicht auf nach Vertragsschluß ergangene Gesetze zu beziehen, durch die die Verpflichtung des Schuldners zur Zahlung in Goldmünzen oder nach dem Goldwert aufgehoben worden sei[204]. Das Reichsgericht hat die Anwendung der Joint Resolution auf Rechtsbeziehungen zwischen Deutschen unter Berufung auf den ordre public (Art. 30 EG BGB) abgelehnt: Die auf die besonderen Bedürfnisse der amerikanischen Volkswirtschaft zugeschnittene Joint Resolution widerspreche dem Zweck der deutschen Wirtschaftsgesetzgebung, das durch die Erschütterungen der Kriegs- und Nachkriegszeit gestörte Wirtschaftsleben in Deutschland wieder zu normalisieren. Würde man die Joint Resolution auch auf die Rechtsverhältnisse unter Deutschen anwenden, so käme neue Verwirrung in das deutsche Wirtschaftsleben, weil Schuldner zum Nachteil ihrer Gläubiger teilweise von ihren Verpflichtungen befreit würden, ohne daß dies durch eine Veränderung in den Verhältnissen der Beteiligten oder überwiegende volkswirtschaftliche Belange gerechtfertigt werden könne[205].

---

[203] OLG Düsseldorf, 26. 9. 1934, IPRspr. 34, Nr. 93 b; OLG Köln (Senat Saarlouis), 13. 9. 1935, JW 1936, 203 f.; OGH des Saargebietes, 17.1. 1934 und 21. 12. 1934, inhaltlich mitgeteilt in ZAIP 1935, 275 f.; LG Düsseldorf, 20. 12. 1933, IPRspr. 34 Nr. 93 a; LG Essen, 13. 7. 1934, IPRspr. 34, Nr. 99; Raape, IPR, § 52 VI, S. 540 ff.; Wolff, S. 161; Rabel, ZAIP 1936, 492 (522); Duden, ZAIP 1935, 615 ff. (624, 628); Stüven, S. 53 f.; vgl. auch Dicey, S. 893; Nußbaum, Money in the Law, S. 423; Gutzwiller, Der Geltungsbereich, S. 136.

[204] So z. B. KG, 7. 3. 1935, IPRspr. 1934, Nr. 92 (S. 186 f.); dagegen RG, 28. 5. 1936, ZAIP 1936, 385 (387).

[205] RG, 28. 5. 1936, ZAIP 1936, 385 (388 f.).

Im Rahmen einer Untersuchung über den Einfluß des Gesetzeszweckes auf den räumlichen Geltungsbereich einer Vorschrift interessieren diese Begründungen jedoch weniger als die auch in Deutschland vertretene Auffassung, aus dem Zweck der Joint Resolution lasse sich auf einen begrenzten Geltungswillen schließen[206]. Das Kammergericht begründete seine Entscheidung im Rechtsstreit der Sparkasse Aachen gegen den Deutschen Sparkassen- und Giroverband hilfsweise auch mit dieser Ansicht[207].

Der Deutsche Sparkassen- und Giroverband hatte im Jahre 1926 in den USA eine Anleihe ausgegeben. Die Schuldverschreibungen, die dem amerikanischen Recht unterstellt waren, lauteten auf 1.000 Dollar in Goldmünzen der USA von oder gleichwertig dem am 1. 2. 1926 bestehenden Normalgewicht und Feingehalt. Die Zahlungen hatten nach Wahl des Gläubigers in New York oder Chicago zu erfolgen. Die Kreissparkasse Aachen begehrte Feststellung, daß der Schuldner nach dem Goldwert des Dollars am 1. 2. 1926 zu zahlen habe. Der Klage wurde stattgegeben. In den Urteilsgründen führte das Kammergericht aus, das amerikanische Währungsgesetz vom 5. 6. 1933 besitze und b e a n s p r u c h e nur Geltung innerhalb der Vereinigten Staaten. Dies folge deutlich aus seinem Inhalt, nach dem Goldklauseln lediglich als der öffentlichen Politik zuwiderlaufend erklärt würden. Für die amerikanische Währung und die amerikanische Wirtschaft sei es ohne jeden Einfluß, ob deutsche Schuldner an deutsche Gläubiger ihre in Golddollar ausgedrückten Schulden nach der Notierung des Golddollars oder des Papiergeldes abwickelten. Es sei daher anzunehmen, daß das Rechtsverhältnis zwischen dem deutschen Anleiheschuldner und einem deutschen Anleihegläubiger durch die Joint Resolution – soweit dies den mit dem Gesetz verfolgten Zwecken nicht zuwiderlaufe und sich die Abwicklung des Schuldverhältnisses außerhalb des Machtbereiches der USA abspiele – nicht habe berührt werden können und s o l l e n. Zwar habe nach den Vertragsbestimmungen die Zahlung in den USA zu erfolgen. Der Schuldner könne sich aber gleichwohl nicht darauf berufen, daß ihm durch die amerikanische Währungsgesetzgebung die Zahlung zum Goldwert, die an amerikanischen Zahlstellen zu erfolgen habe, unmöglich geworden sei. Einmal seien die Gläubiger durch die Einrichtung der Zahlstellen in den USA nicht gehindert, den Betrag am Sitz der Beklagten in Deutschland zu erheben, denn die Einrichtung der Zahlstellen sei wohl nur zur Bequemlichkeit der amerikanischen Gläubiger erfolgt. Selbst wenn man insoweit anderer Ansicht sei, ergebe sich bei vernünftiger Vertragsauslegung nach dem Grundsatz

---

[206] Im Schrifttum wurde die Auffassung vertreten von Wahl, Rechtsgutachten, Niemeyers Z 52, 277 (279 f.) und Eckstein, S. 113, 115 f.; bezüglich der Rechtsprechung wird auf die folgenden Ausführungen verwiesen.

[207] KG, 7. 3. 1935, IPRspr. 1934, Nr. 92, S. 187 f.

von Treu und Glauben, daß der Beklagte, dem die Erfüllung seiner Verpflichtungen an den amerikanischen Zahlungsorten unmöglich geworden sei, die Zahlung an seinem eigenen Sitz zu leisten habe, wo eine vertragsmäßige Erfüllung möglich sei[208].

Das Reichsgericht, das über die Revision gegen das Urteil des Kammergerichts zu entscheiden hatte[209], bezweifelte die Richtigkeit der Feststellung des Kammergerichts, aus dem Zweck der Joint Resolution ergebe sich, daß dieses Gesetz auf Zahlungen zwischen Nichtamerikanern außerhalb Amerikas nicht angewandt werden wolle[210]. Das Reichsgericht entschied diese Frage jedoch nicht ausdrücklich, da die Feststellungen des Kammergerichts insoweit nicht revisibel waren[211]. Die weitere Annahme des Kammergerichts, die Joint Resolution könne das außerhalb der USA abzuwickelnde Rechtsverhältnis zwischen einem deutschen Anleiheschuldner und einem deutschen Anleihegläubiger nicht erfassen, weil die Joint Resolution nur innerhalb der USA Geltung besitze, bezeichnete das Reichsgericht als rechtsirrig[212]. Gleichwohl hielt es die Entscheidung des Kammergerichts im Ergebnis aufrecht; das Reichsgericht lehnte nämlich die Anwendung der Joint Resolution unter Hinweis auf den ordre public ab[213].

3. Der räumliche Geltungsbereich der amerikanischen Goldklauselgesetzgebung nach der Rechtsprechung der übrigen Staaten

a) Darstellung der Rechtsprechung

Die Gerichte der übrigen Staaten verfuhren bei der Abgrenzung des räumlichen Geltungsbereichs der Joint Resolution nach den gleichen Grundsätzen wie die deutschen und amerikanischen Gerichte. Häufig machten sie die Anwendung des amerikanischen Währungsgesetzes davon abhängig, daß das amerikanische Recht als Schuldstatut das Rechtsverhältnis beherrschte; teilweise hielten sie es für

---

208 KG, a. a. O., S. 190 f.

209 RG, 28. 5. 1936, ZAIP 1936, 385 ff.

210 RG, a. a. O., S. 388.

211 Die Abgrenzung des Geltungswillens des amerikanischen Gesetzes ist eine Frage des amerikanischen Rechts; die Feststellungen über den Inhalt des ausländischen Rechts sind nicht revisibel, § 549 ZPO.

212 RG, a. a. O., S. 388. — Insoweit waren die Feststellungen des KG revisibel, weil sie Fragen des zwischenstaatlichen Rechts (RG, a. a. O.), genauer, Fragen des deutschen internationalen Privatrechts, betrafen.

213 RG, a. a. O., S. 388 f.; vgl. oben S. 66. — Anders aber die Regelung im Gesetz über Fremdwährungsschuldverschreibungen vom 26. 6. 1936, RGBl. 1936 I 515.

entscheidend, ob amerikanisches Recht als Recht des Erfüllungsortes für das Zahlungsgeschäft maßgeblich war. Die Auffassung, daß aus dem Zweck der Joint Resolution auf einen räumlich begrenzten Geltungswillen des Gesetzes zu schließen sei, wurde auch in ausländischen Entscheidungen vielfach vertreten. Endlich hat man auch außerhalb Deutschlands bisweilen der Joint Resolution die Anwendung unter Berufung auf den ordre public versagt.

Die englischen Gerichte hatten über den räumlichen Geltungsbereich des amerikanischen Goldklauselverbotes im Rechtsstreit der International Trustee for the Protection of Bondholders Akt. gegen die englische Krone zu entscheiden. Die englische Regierung hatte im Januar 1917 in den USA eine zu 5½% verzinsliche Anleihe ausgegeben. Die Schuldsumme war in den Schuldverschreibungen in Dollar ausgedrückt. Kapital und Zinsen waren nach Wahl des Gläubigers in Goldmünzen der Vereinigten Staaten an amerikanischen Zahlungsorten oder nach dem festen Umrechnungssatz von 4,86⅔ Dollar zu einem Pfund Sterling in englischer Währung in London zu zahlen. Die Klägerin begehrte nach Erlaß der Joint Resolution Feststellung des Betrages, den die Schuldnerin bei Fälligkeit der Anleihestücke in New York zu zahlen hatte.

Im erstinstanzlichen Urteil[214] wurde davon ausgegangen, daß englisches Recht als Vertragsstatut die Anleihestücke beherrschte. Die vereinbarte Goldklausel wurde als Goldmünzklausel aufgefaßt: Das Gericht nahm an, daß der Gläubiger zwar Zahlung in Goldmünzen, nicht aber auch Zahlung einer nach dem Wert der Goldmünzen zu berechnenden Summe in Papiergeld sollte fordern dürfen. Bei der Entscheidung der Frage, ob die amerikanische Joint Resolution vom 5. 6. 1933 die Anleihestücke erfaßte, folgte das Gericht der Auffassung, die die Wirksamkeit einer Goldklausel nach dem Recht des Erfüllungsortes beurteilte und das amerikanische Währungsgesetz auf alle in den Vereinigten Staaten zu erfüllenden Schuldverhältnisse anwandte. Das Gericht kam zu dem Ergebnis, daß die Verpflichtung zur Zahlung von Goldmünzen in den USA aufgehoben worden sei, das Recht der Gläubiger, in London Zahlung in Pfund Sterling nach dem vereinbarten Umrechnungskurs zu verlangen, jedoch unverändert fortbestehe.

Der Court of Appeals entschied diesen Rechtsstreit in zweiter Instanz[215]. Nach der Auffassung des Court of Appeals waren die Gläubiger berechtigt, in New York Zahlung der Summe in Papierdollar zu verlangen, die dem Wert der ursprünglich geschuldeten Goldmün-

---

[214] Inhaltlich wiedergegeben in ZAIP 1935, S. 908 und in dem in diesem Rechtsstreit ergangenen Urteil des Court of Appeals, International Trustee for the Protection of Bondholders Aktiengesellschaft v. Rex (2. 11. 1936), [1936] 3 All E. R. 407 (412 und 419 f.).

[215] Fundstelle: Siehe Fußn. 214.

zen entsprach. Das Gericht sah ebenfalls englisches Recht als das maßgebliche Schuldstatut an. Hinsichtlich der Auslegung der Goldklausel folgte der Court of Appeals aber nicht der Vorinstanz; er sah vielmehr in der Goldklausel auch eine Goldwertklausel: Nach dem Vertrag könnten die Gläubiger nicht nur Zahlung in Goldmünzen verlangen, ihnen stehe vielmehr auch ein Recht auf Zahlung eines dem Wert der Goldmünzen entsprechenden Papiergeldbetrages zu. Bei der Entscheidung der Frage, ob dieses Recht der Gläubiger durch die Joint Resolution beeinträchtigt worden sei, komme es darauf an, ob eine derartige Zahlung durch das Recht des amerikanischen Erfüllungsortes verboten sei, weil das englische Gericht nicht einem Vertrag zur Durchsetzung verhelfe, dessen Erfüllung nach dem Recht des Erfüllungsortes gesetzwidrig sei[216]. Der Court of Appeals vertrat die Auffassung, daß die Joint Resolution vom 5. 6. 1933 nicht verbiete, die Schuld zum Goldwert zu erfüllen, sondern nur die Verpflichtung dazu aufhebe. Die Zahlung zum Goldwert laufe also der amerikanischen public policy nicht zuwider[217]. Daher könne der Gläubiger, falls er Zahlung in den USA verlange, den Betrag in Papierdollar fordern, der dem Wert des Nennbetrages in Golddollar entspreche[218]; außerdem könne er natürlich in London Zahlung in Pfund Sterling nach dem vereinbarten Umrechnungskurs fordern.

In dritter Instanz wandte das House of Lords die Joint Resolution auf die Schuldverschreibungen an, mit dem Ergebnis, daß die Inhaber, falls sie Zahlung in New York verlangten, nur den Dollarnennbetrag fordern konnten. Im Gegensatz zu den Vorinstanzen nahm

---

216 [1936] 3 All. E. R. 428 f. (Lord Wright). — Ebenso entschied auch die King's Bench Division im Falle Ralli Brothers v. Compañia Naviera Sota y Aznar (1920 2 KB 287). Eine englische Firma hatte im Juli 1918 ein Schiff gechartert, um Jute nach Barcelona zu verfrachten; je Tonne sollten 50 £ Fracht gezahlt werden. Die Hälfte der Fracht war bei Abfahrt des Schiffes von Kalkutta in London zu zahlen, der Rest in Barcelona in spanischer Währung nach der Landung des Schiffes. Durch spanische VO vom 2. 7./14. 9. 1918 war als Höchstfracht für Jute der Betrag von 875 Peseten pro Tonne festgesetzt worden. Die vereinbarte Fracht überstieg den gesetzlich festgelegten Höchstbetrag. Die Schiffseigentümerin, die von der in Spanien zu zahlenden Rate nur den gesetzlich festgesetzten Höchstbetrag erhalten hatte, klagte in England auf die Differenz. Die Klage wurde abgewiesen. Das Gericht führte aus, der Vertag unterliege zwar dem englischen Recht, aber die Erfüllung der zweiten Rate sei in der vereinbarten Höhe nach der insoweit maßgeblichen spanischen lex loci solutionis verboten. Ein Vertrag sei aber ganz allgemein insoweit unwirksam, als seine Erfüllung nach dem Recht des Erfüllungsortes gesetzwidrig sei. — Vgl. auch Dicey, S. 788.

217 Die amerikanischen Gerichte entschieden anders, vgl. z. B. Compañia de Inversiones Internacionales v. Industrial Mortgage Bank of Finland, 198 NE 617 (621 unter Ziff. 6).

218 [1936] 3 All E. R. 429 f. (Lord Wright).

das House of Lords an, daß Vertragsstatut das amerikanische Recht sei und daher die Joint Resolution vom 5. 6. 1933 auf die Schuldverschreibungen anzuwenden sei[219].

In einem Falle hat der Privy Council den räumlichen Geltungsbereich eines finanzpolitischen Gesetzes nach seinem Zweck bestimmt[220]. Mt. Albert, ein Vorort von Auckland in Neuseeland, hatte im Jahre 1926 eine Anleihe aufgenommen; die Anleihe war gesichert durch eine bestimmte Quote der der Gemeinde zustehenden Vermögenssteuer. Die Rückzahlung des Kapitals und die Zinszahlungen hatten bei der Bank von Neuseeland in Melbourne (Viktoria) zu erfolgen. Die Schuldnerin berief sich darauf, daß durch den „Financial Emergency Act" Victorias von 1931 ihre Zinsverpflichtungen herabgesetzt worden seien.

Der Privy Council stellte fest, daß die Obligationen und Zinsscheine insoweit, als sie eine Sicherheit an in Neuseeland einkommenden Gemeindeabgaben gewährten, dem neuseeländischen Recht unterlägen. Das neuseeländische Recht sei aber auch für die persönliche Zahlungsverpflichtung maßgebend. Es sei nicht anzunehmen, daß die Zahlungsverpflichtung derart vom Recht des vereinbarten Erfüllungsortes beherrscht werde, daß der Schuldbetrag durch den Financial Ermengeny Act von Victoria geändert werden könne[221]. Nachdem das Gericht erörtert hatte, daß dieses Gesetz die Obligationen nicht erfasse, weil es keine extraterritoriale Wirkung besitze, wies es zur Begründung einer räumlich beschränkten Geltung dieses Gesetzes auch auf dessen Zweck hin. Durch das Gesetz sollte der großen finanziellen Notlage in Australien entgegengetreten werden.[222] Dieser Gesetzeszweck zeigt nach Ansicht des Gerichts, daß das Gesetz nur die internationalen Verpflichtungen in Victoria[223] betrifft und keineswegs ausländischen Schuldnern eine Erleichterung gewährt werden sollte[224].

Betrachtet man die Rechtsprechung der übrigen europäischen Gerichte zum räumlichen Geltungsbereich der amerikanischen Joint Resolution vom 5. 6. 1933, so findet man auch in norwegischen[225],

---

219 Rex v. International Trustee for the Protection of Bondholders Akt., [1937] 2 All E. R. 164 ff., 180—182 (Lord Russell of Killowen).

220 Mount Albert Borough Council v. Australasian Temperance and General Life Assurance Society, Ltd., [1937] 4 All E. R., 206 ff.

221 [1937] 4 All E. R. 213 f. (Lord Wright).

222 a. a. O., S. 212.

223 Gemeint ist: Verpflichtungen der in Victoria ansässigen Schuldner.

224 [1937] 4 All E. R., 217 (Lord Wright).

225 Urteil des Stadtgerichts Oslo vom 17. 11. 1936, dem Inhalt nach mitgeteilt in ZAIP 1937, S. 289.

holländischen[226] und schweizerischen[227] Gerichtsentscheidungen die Auffassung vertreten, daß das amerikanische Währungsgesetz auf Zahlungen zwischen Nichtamerikanern außerhalb Amerikas nicht anzuwenden sei, weil es nur den Schutz der amerikanischen Währung bezwecke.

Im übrigen machten die ausländischen Gerichte die Anwendung der Joint Resolution zumeist davon abhängig, daß amerikanisches Recht Schuldstatut war[228]. Der niederländische Hooge Raad stellte in einer Entscheidung fest, daß die Anwendung des amerikanischen Goldklauselgesetzes auf eine in den Niederlanden zu erfüllende Verbindlichkeit dem niederländischen ordre public zuwiderlaufe[229]. Streitgegenstand waren Zinsscheine, die in New York in Golddollar oder nach Wahl des Inhabers an verschiedenen europäischen Zahlungsorten in der Landeswährung nach dem Umrechnungskurs für Sichtwechsel auf New York über Golddollar zahlbar waren. Der Hooge Raad führte aus, die Anwendung der Joint Resolution würde bedeuten, daß eine Verpflichtung, deren Erfüllung in den Niederlanden habe verlangt werden können, teilweise aufgehoben würde; die Anwendung der Joint Resolution würde somit eine Verletzung des der niederländischen Rechtsordnung zugrunde liegenden und in Art. 1374 BW verkörperten Prinzips enthalten, daß gesetzmäßig geschlossene Verträge erfüllt werden müssen. Nach niederländischem IPR sei die Anwendung ausländischen Rechts ausgeschlossen, wenn sie zu einem Ergebnis führen würde, das nach niederländischer Auffassung nicht geduldet werden dürfe[230].

---

[226] Arr.- Rechtbank 's Gravenhage, 15. 2. 1934, Weekbl., 12 719 (Urteil im Rechtsstreit der Koninklijke).

[227] BG 64 II, 88 (96).

[228] Niederlande: Hof 's Gravenhage 24. 12. 1936, NJ 1937, Nr. 81; Arr.-Rechtbank Rotterdam 29. 6. 1934, NJ 1934, S. 1673; Arr.-Rechtbank Rotterdam 29. 4. 1935, Weekbl. Nr. 12 921, S. 5 ff.; Arr.-Rechtbank Rotterdam 16. 10. 1935, NJ 1936, Nr. 59; Arr.-Rechtbank Amsterdam 22. 3. 1935, Weekbl. 12 919, S. 2 f. — Schweden: Oberster Gerichtshof 30. 1. 1937 (2 Entscheidungen), Bericht in ZAIP 1937, 286 = ZAIP 1940/41, S. 835 ff. und ZAIP 1937, 287 f. = ZAIP 1940/41, 838 f. — Norwegen: Höchstes Gericht 8. 12. 1937, Bericht in ZAIP 1940/41, 849 ff. — Dänemark: Oberstes Gericht 30. 1. 1939, Clunet 56 (1954), 490—492; Östliches Landgericht Dänemarks, 3. 2. 1934, Bericht in ZAIP 1935, 280 f. (Bestätigt durch Urteil des dän. Höchsten Gerichts vom 13. 12. 1934, vgl. ZAIP a. a. O. und ZAIP 1936, 620). — Italien: Trib. Neapel 21. 2. 1936, Bericht in ZAIP 1936, 394. — Belgien: Appellhof Antwerpen, Februar 1936, Bericht in ZAIP 1935, 916 ff.

[229] Hooge Raad, 13. 3. 1936, NJ 1936, Nr. 280.

[230] NJ 1936, Nr. 280, S. 505.

Der österreichische OGH hatte in seinem Gutachten vom 26. 11. 1935[231] die Frage zu entscheiden, ob die Joint Resolution auf die in den USA zu erfüllenden Golddollarobligationen aus den amerikanischen Tranchen der Völkerbundsanleihe und der internationalen Bundesanleihe 1930, die der österreichische Staat aufgenommen hatte, anzuwenden sei. Nach Auffassung des OGH hatte die Joint Resolution sowohl währungsrechtlichen als auch schuldrechtlichen Charakter. Unter Betonung des währungsrechtlichen Charakters der Joint Resolution entschied der OGH, daß dieses Gesetz die Schuldverschreibungen der genannten Anleihen erfasse. Zur Begründung führte der OGH aus, Gegenstand der Schuld sei der Dollar amerikanischer Währung; daher sei das Währungsrecht der USA maßgebend, nicht nur hinsichtlich der Art, sondern auch hinsichtlich des Umfanges der Leistung[232]. Anschließend ging der OGH auf den schuldrechtlichen Charakter der Joint Resolution ein. Das Gericht entschied sich auch unter Berücksichtigung des schuldrechtlichen Charakters dieses Gesetzes für seine Anwendung auf die genannten Anleihen. Es führte aus, das amerikanische Recht sei auch als Vertragsstatut maßgeblich; selbst wenn man als Vertragsstatut das österreichische Recht ansähe, so wäre doch das New Yorker Recht als Recht des Erfüllungsortes für die Bestimmung der Zahlungssumme maßgebend[233].

Die Ausführungen des OGH dürfen allerdings nicht dahin verstanden werden, daß die Joint Resolution auf alle Golddollarschulden angewandt werden müsse, schon allein deshalb, weil amerikanisches Recht Währungsstatut sei[234].

Der OGH hat nämlich die Joint Resolution auf durch Goldklausel gesicherte Dollarschulden aus rein inner-österreichischen Rechtsverhältnissen nicht angewandt [235]. Mit dieser Rechtsprechung kann man die Ausführungen des OGH im Gutachten vom 26. 11. 1935 aber nur dann in Einklang bringen, wenn man die beiden Gründe, auf die der OGH die Anwendung der Joint Resolution stützt – daß nämlich amerikanisches Recht Währungsstatut und Recht des Erfüllungsortes war – nicht als selbständige Begründungen ansieht, sondern als Voraussetzungen, die zusammentreffen müssen, wenn die Joint Resolu-

---

[231] Bericht in ZAIP 1935, 891 ff.

[232] ZAIP 1935, 894 f. — Ebenso (Österr.) OGH 22. 1. 1935, Jahrb. höchstrichterl. Entsch. VIII (1935), 1150 und 10. 7. 1936, a. a. O., IX (1936), 1925.

[233] ZAIP 1935, 896 f. i. Verb. mit 895.

[234] Vgl. Duden in Anm. zum Gutachten des OGH. vom 26. 11. 1935, ZAIP 1935, 900 (901).

[235] OGH 8. 7. 1935, Jahrb. höchstrichterl. Entsch. VIII (1935), 2345; vgl. auch die Entsch. des OGH vom 20. 5. 1936, mitgeteilt in ZAIP 1936, S. 680.

tion anwendbar sein soll. Im Ergebnis wandte also auch die österreichische Rechtsprechung die Joint Resolution nur auf Golddollarschulden an, die in den USA zu erfüllen waren.

b) Zusammenfassung und Stellungnahme

Die außeramerikanischen Gerichte wandten das amerikanische Währungsgesetz vom 5. 6. 1933, durch das alle Goldklauseln für unwirksam erklärt worden waren, bedenkenlos an, wenn das Schuldverhältnis in den Vereinigten Staaten zu erfüllen war und beide Parteien amerikanische Staatsangehörige waren. Sie sträubten sich jedoch mehr oder weniger, das Gesetz anzuwenden, wenn die Parteien Nichtamerikaner waren und der Erfüllungsort außerhalb der USA lag. In der Tat war die Anwendung der Joint Resolution in derartigen Fällen selbst dann unbillig, wenn für das Schuldverhältnis amerikanisches Schuldrecht maßgebend war. Da der Zahlungsvorgang sich außerhalb der Vereinigten Staaten abspielte und der Dollar dort nur die Eigenschaft einer Ware, nicht aber die Funktion eines gesetzlichen Zahlungmittels hatte, wurde die Anwendung der Joint Resolution in diesen Fällen durch das Ziel der amerikanischen Währungsgesetzgebung, ein einheitliches Währungssystem zu schaffen und zu erhalten, nicht gefordert. Die Aufhebung der Goldklauseln traf zudem die außerhalb der Vereinigten Staaten lebenden Gläubiger härter als die amerikanischen Staatsangehörigen. Der Dollar hatte in den Vereinigten Staaten auch nach der Abwertung infolge der Aufrechterhaltung des Lohn- und Preisgefüges seine Kaufkraft im wesentlichen beibehalten. Für außeramerikanische Gläubiger wurde jedoch die Abwertung des Dollars spürbar, falls sie sich Zahlung in Papierdollar zum Nennbetrag gefallen lassen mußten, weil der Dollar nach der Abwertung im Verhältnis zu ihrer einheimischen Währung erheblich gesunken war[236].

Zu einem befriedigenden Ergebnis kam man in diesen Fällen mit dem Machtprinzip. Dies besagt – nach herrschender Lehre –, daß politische und wirtschaftspolitische Gesetze auf ein Schuldverhältnis nur anzuwenden sind, wenn der Schuldner seinen Sitz oder Wohnsitz im Eingriffsstaat hat[237]; nach der neueren Auffassung entscheidet die Lage des Schuldnervermögens[238]. Die amerikanische Joint Resolution vom 5. 6. 1933 hatte zweifellos wirtschaftspolitischen Charakter. In den Fällen, in denen sich der Zahlungsvorgang

---

[236] Vgl. oben S. 57.

[237] Vgl. oben S. 47; Nachweise in Fußn. 144, 145. Vgl. insbesondere auch KG 7. 3. 1935, IPRspr. 1934, Nr. 92, S. 187 f.; ähnlich auch Frankenstein, II, S. 205.

S. 187 f.; ähnlich auch Frankenstein, II, S. 205.

[238] Vgl. oben S. 47 f.; Nachweise in Fußn. 146.

außerhalb der Vereinigten Staaten abspielte, und die Anwendung der Joint Resolution unangemessen schien, hatte stets auch der Schuldner seinen Wohnsitz (oder – worauf die neuere Auffassung abstellt – Vermögen) außerhalb der Vereinigten Staaten. Nach dem Machtprinzip war daher die Joint Resolution nicht anzuwenden. Das Kammergericht[239] hat somit zu Recht festgestellt, daß das amerikanische Währungsgesetz ein Rechtsverhältnis zwischen einem deutschen Anleiheschuldner und einem deutschen Anleihegläubiger nicht erfassen könne; die Kritik des Reichsgerichts[240] an dieser Feststellung des Kammergerichts ging fehl.

Die amerikanischen Gerichte haben mit Recht den Geltungsbereich der Joint Resolution nach ihrem Zweck bestimmt. Bedenklich war es dagegen, wenn außeramerikanische Gerichte von dem Zweck des amerikanischen Währungsgesetzes auf einen räumlich beschränkten Geltungswillen schlossen, nach dem das Gesetz außerhalb der Vereinigten Staaten zu erfüllende Schuldverhältnisse zwischen Ausländern nicht erfassen sollte. Man kann diesen Versuch allerdings nicht wie Mann[241] mit der polemischen Bemerkung abtun, er sei theoretisch uninteressant. Für die Gerichte kam es nämlich weniger darauf an, eine theoretisch interessante, als eine im Ergebnis befriedigende Entscheidung zu treffen. Es lag nahe, den räumlichen Geltungsbereich der Joint Resolution nach ihrem Zweck zu bestimmen, weil die amerikanischen Gerichte – wie oben dargelegt – häufig selbst diesen Weg wählten. Kamen aber schon die amerikanischen Gerichte bei der Bestimmung des rämulichen Geltungsbereichs der Joint Resolution nach ihrem Zweck zu widersprechenden Ergebnissen, so war es für die ausländischen Gerichte noch schwieriger, auf diese Weise den Geltungsbereich des amerikanischen Währungsgesetzes zu bestimmen[242]. Unter Berücksichtigung insbesondere der älteren amerikanischen Rechtsprechung erschien zwar die Auffassung begründet, die Joint Resolution gelte nach ihrem Zweck nur für die in den Vereinigten Staaten zu erfüllenden Schuldverhältnisse[243]. Folgte man dieser Auffassung, dann erfaßte allerdings die Joint Resolution – soweit man nur ihren Geltungswillen berücksichtigte – alle in den Vereinigten Staaten zu erfüllenden Rechtsverhältnisse. Man konnte die Anwendung des Gesetzes auf in den USA zu erfüllenden Verbindlichkeiten nicht mit der Begründung umgehen, daß der Schuldner nach Treu und Glauben verpflichtet sei, an

---

239 Vgl. die oben in Fußn. 207 zitierte Entscheidung.

240 RG 28. 5. 1936, ZAIP 1936, 385 (388).

241 Mann, Das Recht des Geldes, S. 259.

242 Vgl. hierzu auch Wengler, Zvgl.RW 54, 168 ff.

243 Vgl. oben S. 58—59, 64.

einem außerhalb der Vereinigten Staaten gelegenen Ort, an dem das amerikanische Währungsgesetz nicht gelte, zu erfüllen[244].

Beanspruchte das amerikanische Währungsgesetz Geltung nur für die in den USA zu erfüllenden Dollarschulden, dann erfaßte es (wegen seines beschränkten Geltungswillens) die außerhalb der Vereinigten Staaten zu erfüllenden Verpflichtungen aus alternativen Währungsklauseln nicht. Die amerikanischen Gerichte nahmen in den späteren Entscheidungen allerdings den gegenteiligen Standpunkt ein: Sie wandten den Satz der Joint Resolution, daß alle Dollarschulden durch Zahlung Dollar für Dollar getilgt werden sollten, auch in Fällen an, in denen die Inhaber von Schuldverschreibungen mit alternativer Währungsklausel von ihrem Recht Gebrauch gemacht hatten, an einem europäischen Erfüllungsort Zahlung des versprochenen Betrages der dortigen Währung zu fordern[245]. Die Entscheidungen sind allerdings später ergangen als diejenigen der europäischen Gerichte, in denen aus dem Zweck der Joint Resolution auf deren beschränkten Geltungswillen geschlossen wurde.

Nachdem jedoch die amerikanischen Gerichte die Anwendung der Joint Resolution auf im Ausland zu erfüllende Verbindlichkeiten aus Schuldverschreibungen mit alternativer Währungsklausel ausgedehnt hatten, ließ sich kaum noch unter Berufung auf ältere amerikanische Entscheidungen die Behauptung aufrecht erhalten, die Joint Resolution beanspruche Geltung nur für die in den Vereinigten Staaten zu erfüllenden Rechtsverhältnisse. Die Berücksichtigung des beschränkten Geltungswillens eines ausländischen Gesetzes bedeutet eine Anwendung kollisionsrechtlicher Grundsätze des Staates, der das Gesetz erlassen hat. Daher kann die Annahme, daß ein ausländisches Gesetz seinem Zweck nach nur Rechtsverhältnisse erfaßt, die ein bestimmtes Anknüpfungsmoment zu dem gesetzgebenden Staate aufweisen, dann nicht mehr aufrecht erhalten werden, wenn die Behörden – beispielsweise Gerichte – des gesetzgebenden Staates die Anwendung des Gesetzes auf Rechtsverhältnisse ohne dieses Anknüpfungsmoment ausgedehnt haben.

Die Abgrenzung des räumlichen Geltungsbereiches eines ausländischen Gesetzes nach seinem Zweck ist nur unbedenklich, wenn sie in Übereinstimmung mit feststehenden kollisionsrechtlichen Grundsätzen des gesettzgebenden Staates erfolgt; sie ist zulässig, jedenfall vom Standpunkt der deutschen Rechtsprechung[246], die eine durch das internationale Privatrecht ausgesprochene Verweisung auf

---

[244] Anders: KG 7. 3. 1935, IPRspr. 1934, Nr. 92, S. 190 f.

[245] Vgl. oben S. 60—62.

[246] So z. B. RGZ 78, 236; 136, 361; weitere Nachweise, auch für die im Schrifttum vertretenen Auffassungen bei Soergel-Kegel, Art. 27 EG BGB, Bem. 15.

ausländisches Recht als Kollisionsnormverweisung ansieht und folglich die kollisionsrechtlichen Vorschriften des ausländischen Staates berücksichtigt.

II. Der räumliche Geltungsbereich der Zwangskursgesetze nach der Rechtsprechung der französischen Gerichte

Ein Beispiel für eine Kollisionsnorm des Inhalts, daß wirtschaftspolitische Gesetz nur innerstaatliche Rechtsverhältnisse erfassen, stellt auch die in Frankreich entwickelte Regel über den Geltungsbereich öffentlich-rechtlicher Währungsgesetze dar.

Durch Art. 1 des französischen Währungsgesetzes vom 12. 8. 1870[247] wurden die Noten der Bank von Frankreich zum gesetzlichen Zahlungsmittel erklärt; gleichzeitig wurde die Notenbank von ihrer Verpflichtung zur Einlösung der Banknoten bis auf weiteres befreit (Art. 2 des Gesetzes vom 12. 8. 1870). Die französische Rechtsprechung hielt Goldklauseln für unvereinbar mit dieser Zwangskursgesetzgebung. Die Cour de Cassation stellte in der Entscheidung vom 11. 2. 1873[248] fest, die Währungsgesetze, durch die zur Abwendung einer bevorstehenden Krise der Zwangskurs für Papiergeld eingeführt worden sei, gehörten ihrem Charakter nach zu den „lois de police et de sûreté". Derartige Gesetze könnten, da sie mit dem ordre public in Zusammenhang stünden, gemäß Art. 6 Cc durch Parteivereinbarung nicht wegbedungen werden. Dies gelte auch für Vereinbarungen, die vor Inkrafttreten der Zwangskursgesetzgebung getroffen worden seien, um den Gläubiger vor ihren Nachteilen zu bewahren. Die Parteien seien nach dem Gesetz uneingeschränkt verpflichtet, die Noten der Bank von Frankreich als gesetzliches Zahlungsmittel anzunehmen. Damit sei hinlänglich ausgedrück, daß das Gesetz auch diejenigen treffe, die vor seinem Inkrafttreten vereinbart hätten, daß ihre Schulden durch Zahlung in Gold- oder Silbermünzen zu tilgen seien. Solange das Gesetz über den Zwangskurs der Banknoten in Kraft sei, dürfe der Gläubiger sich nicht weigern, Zahlung in Banknoten anzunehmen, denen der Gesetzgeber zwangsweise einen dem Metallgeld entsprechenden Wert zugelegt habe.

Durch Art. 3 des Gesetzes vom 5. 8. 1914[249] wurde in Frankreich abermals die Notenbank von der Pflicht zur Einlösung ihrer Noten befreit, die nach Art. 1 des Gesetzes vom 12. 8. 1870[250] immer noch gesetzliches Zahlungsmittel waren. Wieder hielten die französischen

[247] Loi relative au cours légal des Billets de la Banque de France (12 août 1870), abgedruckt in Lois Annotées, 1866—1870, S. 503.

[248] Cass., 11. 2. 1873, Rec. Dall. 1873, 176 (178 f.).

[249] Loi du 5 août 1914, abgedruckt in Lois Annotées, 1911—1915, S. 760.

[250] Vgl. oben, Fußn. 247.

Gerichte Goldklauseln in Schuldverträgen für unwirksam mit der Begründung, derartige Abreden widersprächen den zum ordre public gehörenden und daher unabdingbaren Rechtsvorschriften, durch die den Banknoten die Eigenschaft eines gesetzlichen Zahlungsmittels zuerkannt und die Einlösungspflicht der Notenbank aufgehoben worden sei[251].

Die Unwirksamkeit von Goldklauseln wurde allerdings nur bei innerfranzösischen Rechtsgeschäften angenommen; dagegen hielt man Goldklauseln bei Geldforderungen aus dem internationalen Rechtsverkehr (paiements internationaux) trotz der französischen Zwangskursgesetzgebung für wirksam. Die Cour de Cassation stützte sich zur Begründung auf den Zweck der Zwangskursgesetzgebung. Das Gericht führte in seiner Entscheidung vom 7. 6. 1920[252] aus: Obwohl die Aufrechterhaltung von Goldklauseln, die in Verträgen mit Ausländern vereinbart worden seien, das Wiederauftreten von Goldmünzen in Frankreich notwendigerweise zur Folge haben werde, widersprächen derartige Goldklauseln keineswegs den dem ordre public angehörenden französischen Rechtsvorschriften, nach denen der Gläubiger vom Schuldner in Frankreich statt des vertraglich vorgesehenen Zahlungsmittels Banknoten nach dem gesetzlich festgesetzten Kurs annehmen müsse. Die Aufrechterhaltung der Goldklauseln in Schuldverträgen mit Ausländern sei nach dem vom Gesetzgeber verfolgten Zweck durchaus mit dem ordre public zu vereinbaren; der Zwangskurs beruhe ausschließlich auf einem nationalen Interesse und beziehe sich nur auf Zahlungen, die von Franzosen in Frankreich bewirkt würden; ein Ausländer, der sich vertraglich zur Zahlung einer anderen Währung verpflichtet habe, könne sich auf die in Frankreich eingeführte Annahmpflicht für Noten der Bank von Frankreich nicht berufen[253].

Die französischen Gerichte behandelten Fremdwährungsklauseln ebenso wie Goldklauseln; unter Hinweis auf den Zweck der französischen Währungsgesetze, durch die die Annahmepflicht für Banknoten eingeführt und die Einlösungspflicht der Notenbank aufgehoben worden war, wurden Fremdwährungsklauseln in Schuldverhältnissen des internationalen Geschäftsverkehrs aufrechterhalten. Zur Begründung führte die Cour de Cassation in der Entscheidung vom 18. 4. 1931[254] an, das Gesetz vom 5. 8. 1914 habe den vollen Geldwert der Noten der Bank von Frankreich im Verhältnis zum Gold garantieren sol-

---

251 Cour d'Appel de Paris, 22. 2. 1924, Rec. Dall. Hebd. 1924, S. 190 (193 f.).

252 Cass., 7. 6. 1920, Rec. Dall. 1920, 137 (141).

253 Diese Rechtsprechung dürfte auch durch Art. 3 Abs. 1 Cc beeinflußt gewesen sein. — Art 3 Abs. 1 Cc bestimmt: „Les lois de police et de sûreté obligent tous ceux qui habitent le territoire."

254 Cass. 18. 4. 1931, Rec. Dall. Hebd. 1931, S. 313.

len, aber nur für den Geldumlauf innerhalb Frankreichs. Aus den Vorschriften dieses Gesetzes ergebe sich kein Grund für die Annahme der Nichtigkeit von Vereinbarungen, durch die zur Abwicklung von Geschäften mit internationalem Charakter dem Schuldner die Verpflichtung auferlegt worden sei, mit anderen Zahlungsmitteln zu erfüllen als denen, für die in Frankreich eine gesetzliche Annahmepflicht bestehe. Als Geschäfte mit internationalem Charakter wurden in diesem Zusammenhang auch Weiterverkäufe von Importwaren angesehen, die in einem ausländischen Hafen zur Verschiffung nach Frankreich bereitlagen[255]. Regelmäßig verfuhren die französischen Gerichte nach dem gleichen Grundsatz, wenn sie über den räumlichen Geltungsbereich ausländischer Zwangskursgesetze und Goldklauselverbote zu entscheiden hatten; die französischen Gerichte wandten derartige ausländische Gesetze nicht auf paiements internationaux an, mit der Begründung, solche Gesetze ergingen ausschließlich im Interesse des gesetzgebenden Staates und stellten eine Maßnahme seines innerstaatlichen ordre public dar[256]. Es finden sich allerdings auch einzelne Gerichtsentscheidungen, in denen bei der Ermittlung des räumlichen Geltungsbereiches von Goldklauselverboten, Zwangskurs- und Devisengesetzen darauf abgestellt wurde, ob das den Streitgegenstand bildende Schuldverhältnis im Gebiete des Staates zu erfüllen war, der das betreffende Gesetz erlassen hatte[257]. In einer Entscheidung vertrat die Cour d'Appel de Paris

---

[255] Ähnlich die Entscheidung der Cour d'Appel de Dijon vom 28. 2. 1928, Rec. Dall. Hebd. 1928, S. 280 f.

[256] Trib. civ. de la Seine, 27. 3. 1935, Clunet 1936, 590 ff. (betr. die Joint Resolution der USA vom 5. 6. 1933); Trib. civ. de la Seine, 31. 5. 1933, Rec. Dall. 1936, 87 f. (betr. die ägyptische Verordnung vom 2. 8. 1914; durch Art. 1 [vgl. ZAIP 1934, S. 994] dieser Verordnung wurden die Banknoten der ägyptischen Nationalbank den Goldmünzen, die in Ägypten gesetzliches Zahlungsmittel waren, gleichgestellt; ungeachtet entgegenstehender Vereinbarungen konnten alle Schuldverhältnisse durch Zahlung von Banknoten zum Nennwert getilgt werden); Cour d'Appel de Paris, 3. 4. 1936, Rec. Dall. 1936, 88 (Berufungsurteil zum vorgenannten Urteil des Trib. civ. de la Seine; die Cour d'Appel de Paris bestätigte das Urteil des Trib. civ. de la Seine und vertrat ebenfalls die Auffassung, daß die ägyptische VO vom 2. 8. 1914 als Maßnahme des innerstaatlichen ordre public auf payements internationaux nicht anzuwenden sei. Nicht erwähnt wurde in dem Urteil der Cour d'Appel de Paris das inzwischen ergangene ägyptische Dekretgesetz vom 2. 5. 1935 [vgl. ZAIP 1935, S. 523], durch das Goldklauseln ausdrücklich auch in internationalen Zahlungsverpflichtungen für ungültig erklärt worden waren).

[257] Cass., 23. 1. 1924, Sirey, 1925, Teil 1, S. 257 (betr. franz. Zwangskursgesetzgebung); Cour d'Appel Colmar, 16. 2. 1937, Rec. Dall. 1939, 25 ff. (betr. deutsches Devisenrecht); Trib. civ. de la Seine, 23. 7. 1936, Sirey 1938, Teil 2, S. 25 (betr. die Joint Resolution der USA vom 5. 6. 1933).

die Auffassung, daß nur die Behörden des gesetzgebenden Staates, nicht aber ausländische Gerichte derartige Gesetze, die in ihrer Wirkung streng territorial seien, anzuwenden hätten[258]. Abgesehen von diesen Ausnahmen folgte die fränzösische Rechtsprechung der Regel, daß Zwangskursgesetze und Goldklauselverbote nur im gesetzgebenden Staat belegene Schuldverhältnisse des innerstaatlichen Geschäftsverkehrs erfassen, nicht aber sogenannte „payements internationaux"[259]. Sie verfuhren nach dieser Regel sowohl, wenn sie über den Geltungsbereich französischer Währungsgesetze zu entscheiden hatten, als auch bei der Anwendung ausländischen Währungsrechts. Die Regel stellt also eine allseitige Kollisionsnorm des französischen internationalen Verwaltungsrechts dar. Sie wurde später auch in die französische Abwertungsgesetzgebung von 1928/36 übernommen[260].

[258] Cour d'Appel de Paris, 30. 6. 1933, Clunet 60 (1933), 963 ff. (betr. russisches Devisenrecht).

[259] Im Schrifttum zustimmend z. B. Eckstein, S. 128; ablehnend z. B.: Nußbaum, Money in the Law, S. 268 f.; Nußbaum, Vertraglicher Schutz, S. 20 f.

[260] Art. 2 des französischen Gesetzes vom 25. 6. 1928 (Rec. Dall. 1928, S. 317) lautete:

„Le franc, unité monétaire française est constitué par 65,5 milligrammes d'or au titre de neuf cents millièmes de fin.

La présente définition n'est pas applicable aux payements internationaux qui, antérieurement à la promulgation de la présente loi, ont pu valablement être stipulés en francs-or."

Art. 6 des französischen Gesetzes vom 1. 10. 1936 (vgl. Rec. Dall. 1936, S. 395) bestimmte:

„La nouvelle définition du franc n'est pas applicable aux payements internationaux qui, antérieurement à la promulgation de la présente loi, ont été stipulés en francs. A l'égard de ces payements internationaux, l'unité monétaire française sera définie conformément à la loi monétaire en vigueur en France à l'époque où a été contractée l'obligation, cause du payement.

Est payement international, un payement effectué en exécution de contract impliquant double transfert de fonds de pays à pays.

Ne pourront être considérées comme ayant perdu leur caractère de titres internationaux, les titres de cette nature émis avant la promulgation de la présente loi et ayant fait l'object d'un échange ou d'une transaction entre débiteurs et créanciers."

Art. 6 des franz. Abwertungsgesetzes vom 1. 10. 1936 wurde später (vgl. Art. 1 und 2 des Gesetzes vom 18. 2. 1937, Rec. Dall. 1937, S. 65) durch eine Art. 2 Abs. 2 des Abwertungsgesetzes vom 25. 6. 1928 entsprechende Vorschrift ersetzt, nach der nur payements internationaux mit Goldklausel von der Abwertungsgesetzgebung nicht betroffen wurden.

Koeppel (S. 67, 68) bezweifelt, daß es sich bei Art. 6 des Gesetzes vom 1. 10. 1936 um eine Kollisionsnorm handelt. Seine Auffassung, die Abwertung habe auch internationale Geschäfte erfaßt, nur sei diesen durch Art. 6 des Gesetzes vom 1. 10. 1936 eine sofortige Aufwertung zuteil geworden, ist sehr konstruiert.

Auf die Schwierigkeiten, die die Abgrenzung des Begriffs des „payement international“ bereitete, soll hier nicht eingeangen werden; eine gesetzliche Definition dieses Begriffs war in Art. 6 Abs. 2 des französischen Abwertungsgesetzes vom 1. 10. 1936 enthalten[261].

Die in Frankreich entwickelte Regel über den räumlichen Geltungsbereich der Zwangskursgesetzgebung und Goldklauselverbote wurden von einigen ausländischen Gerichten und dem ständigen internationalen Gerichtshof Den Haag übernommen[262].

Dem in Frankreich geltenden kollisionsrechtlichen Grundsatz, daß Goldklauselverbote und Zwangskursgesetze ihrem Zweck nach payements internationaux nicht erfassen, haben auch die Gerichte außerhalb Frankreichs zu folgen, wenn sie über den räumlichen Geltungsbereich französischer Goldklauselverbote und Zwangskursgesetze zu entscheiden haben, es sei denn, daß ihnen nach den kollisionsrechtlichen Grundsätzen der lex fori die Berücksichtigung ausländischer Kollisionsnormen verboten ist.

---

[261] Vgl. oben Fußn. 260.

[262] Vgl. die Urteile des Cour Permanente de la Hage vom 12. 7. 1929 in den Prozessen über die jugoslawischen Anleihen (Clunet 56 [1929], 980 [1006 f.]) und die brasilianischen Anleihen (Clunet 56 [1929], 1008 [1027]); Appellhof Triest, 25. 1. 1934, Inhalt mitgeteilt in ZAIP 1936, S. 980 (982); vgl. auch das Urteil des Trib. mixte du Caire vom 5. 6. 1933 über die Obligationen des Credit Foncier Egyptien, das im Berufungsurteil der Cour mixte d'Alexandrie vom 18. 2. 1936 (Rec. Dall. 1936, S. 86) und in ZAIP 1934, S. 993 ff. inhaltlich wiedergegeben ist; die Cour mixte d'Alexandrie wandte dagegen das ägyptische Goldklauselverbot im Hinblick auf das ägyptische Dekretgesetz vom 2. 5. 1935 (siehe oben Fußn. 256 a. E.) auch auf payements internationaux an.

D. DEVISENGESETZE

Auch der räumliche Geltungsbereich von Devisenvorschriften ist in der deutschen Rechtsprechung häufig nach deren Zweck bestimmt worden. Während die neueren Devisengesetze zumeist auch eingehende Vorschriften über ihren räumlichen Geltungsbereich enthalten, fehlten derartige Bestimmungen fast völlig in den während des ersten Weltkrieges und zu Beginn der 20er Jahre ergangenen Devisengesetzen. Bei der Entscheidung der Frage, inwieweit diese Devisenvorschriften Tatbestände mit Auslandsberührung erfaßten, wurde zumeist auf den Zweck der Devisenbewirtschaftung abgestellt[263].

Das Reichsgericht hatte über die Klage eines in Basel wohnenden Deutschen gegen einen in Lörrach ansässigen Deutschen auf Rückzahlung eines Darlehns zu entscheiden[264]. Der Kläger hatte dem Beklagten am 14. 1. 1919 darlehnsweise einen auf die schweizerische Volksbank in Basel gezogenen Scheck über 11 000 Franken aushändigen lassen. Der Beklagte hatte den Scheckbetrag in Basel erhoben. Der Vertrag unterstand deutschem Recht. Das Reichsgericht untersuchte, ob der Vertrag wegen Verstoßes gegen § 1 Abs. 1, S. 2 und Abs. 2, S. 1 der Devisenverordnung vom 8. 2. 1917[265] nichtig war. Nach § 1 Abs. 1 Satz 1 der Dev.VO vom 8. 2. 1917 durften Zahlungsmittel und Forderungen, die auf eine ausländische Währung lauteten, nur bei den vom Reichskanzler bestimmten Personen und Firmen (Devisenstellen) gekauft oder gegen Zahlungsmittel und Forderungen in anderer Währung umgetauscht werden. Durch Satz 2 a. a. O. wurde angeordnet, daß ausländische Zahlungsmittel auch darlehnsweise nur bei einer Devisenstelle erworben werden durften. Nach § 1 Abs. 2 der Dev.VO vom 8. 2. 1917 war jede Verfügung über Zahlungsmittel, Forderungen und Kredite, die auf eine ausländische Währung lauteten, ohne Einwilligung der Reichsbank nur zugunsten einer Devisenstelle zulässig; als Verfügung war auch die Anweisung zur Zahlung an einen Dritten anzusehen.

Das Reichsgericht hielt den Darlehnsvertrag wegen Verstoßes gegen § 1 Abs. 1, S. 2 und Abs. 2, S. 1 der Dev.VO vom 8. 2. 1917

[263] Vgl. hierzu auch Zweigert, ZAIP 13 (1940/41), 298 (299).

[264] RGZ 104, 50 ff.

[265] Bekanntmachung über den Zahlungsverkehr mit dem Ausland vom 8. 2. 1917, RGBl. S. 105.

für nichtig. Es führte aus, völlig ins Ausland fallende Geschäfte, die sich in das deutsche Rechts- und Wirtschaftsgebiet nicht unmittelbar auswirkten, würden zwar von den Vorschriften der Devisenverordnung nicht betroffen, weil diese nur den Interessen der deutschen Wirtschaft diene. Die Devisenverordnung (§ 1 I 2) erfasse aber einen Darlehnsvertrag, durch den eine in Deutschland ansässige Person Schweizer Franken darlehnsweise irgendwie anders als bei einer deutschen Devisenstelle erwerbe, weil der in Deutschland ansässige Darlehnsnehmer dem deutschen Wirtschaftsgebiet angehöre, dessen Interessen die Dev.VO schütze. Ob der Darlehnsnehmer das Geld in Schweizer Franken in Basel empfange und über die Grenze heimbringe, oder ob er einen Scheck auf einer Baseler Bank erhalte und damit das Geld in der fremden Währung erlange, mache nach dem Inhalt der §§ 1 und 2 der DevisenVO, wie nach ihrer Zweckrichtung, keinen Unterschied[266]. Auch die Hingabe des Darlehns seitens des Klägers sei durch § 1 Abs. 2, S. 1 DevVO vom 8. 2. 1917 verboten, weil die Devisenverordnung ihrem Zweck nach auch diese Verfügung erfasse. Da der Beklagte, in dessen Vermögen die Zahlung gelangen sollte, dem deutschen Reichs- und Wirtschaftsgebiet angehöre, treffe die Verfügung des Klägers eben dieses Gebiet; sie sei geeignet, zu einer Vermehrung der in diesem Gebiet erwachsenden Auslands(währungs)schulden beizutragen und vergrößere so gerade die Notlage, gegen die die Devisenverordnung ankämpfen wolle[267].

In einer anderen Entscheidung[268] wandte das Reichsgericht die DevisenVO vom 8. 7. 1917 auf ein im übrigen ausländischem (holländischem) Recht unterstehendes Rechtsverhältnis an. Das Reichsgericht berief sich auf den Zweck der Devisenverordnung, eine wirtschaftlich schädliche Vergrößerung der Verschuldung Deutschlands gegenüber dem Ausland zu verhindern. Wegen dieser Zweckbestimmung hatte die Devisenverordnung nach Ansicht des Reichsgerichts gemäß Art. 30 EG BGB jeder kollidierenden ausländischen Norm vorzugehen: Die Vorschriften der Devisenverordnung vom 8 .7. 1917 waren auch auf ausländischem Schuldstatut unterstehende Rechtsverhältnisse anzuwenden. Auch in dieser Entscheidung betonte das Reichsgericht, die Devisenverordnung vom 8. 7. 1917 erfasse ihrem Zweck nach nicht völlig ins Ausland fallende Geschäft, die sich auf das deutsche Rechts- und Wirtschaftsgebiet nicht auswirkten. Eine derartige Auswirkung hielt das Reichsgericht jedoch in dem der Entscheidung zugrunde liegenden Fall für gegeben.

In einem weiteren Urteil[269] hatte das Reichsgericht zu entscheiden, ob eine im Inland ansässige Person gegen die Vorschriften der

---

[266] RGZ 104, 52 f.
[267] RGZ 104, 53.
[268] 16. 1. 1926, IPRspr. 1926/27, Nr. 12.
[269] 21. 6. 1924, JW 1924, S. 1516 ff.

DevVO vom 8. 7 1917 verstieß, wenn sie zum Zwecke alsbaldigen Verbrauches (Finanzierung des Lebensunterhaltes) in Holland ein Guldendarlehn aufnahm. Das Reichsgericht führte aus, grundsätzlich liege ein Verstoß gegen § 1 Abs. 1, S. 2 der DevVO vom 8. 7. 1917 vor, wenn eine im deutschen Wirtschaftsgebiet ansässige Person holländische Gulden darlehnsweise irgendwie anders als bei einer deutschen Devisenstelle erwerbe; es sei gleich, ob die Aufnahme des Darlehns im Reichsgebiet oder im Ausland erfolge. Selbst wenn das Geschäft für beide Parteien in Hollend zu erfüllen sei, so bedeute das nur, daß seine rechtliche Abwicklung dort erfolgen solle; über seine wirtschaftlichen Auswirkungen sei damit noch nichts gesagt; diese träfen das deutsche Wirtschaftsgebiet, wenn durch das Geschäft die Verschuldung der deutschen Wirtschaft an das Ausland erhöht werde[270]. Die Bekanntmachung vom 8. 2. 1917 diene einer schärferen Zusammenfassung und Überwachung des Devisenhandels, durch die eine allzu große Verschuldung der deutschen Wirschaft an das Ausland verhindert werden solle. Der Gesetzgeber sei aber bei der Bekanntmachung vom 8. 2. 1917 nicht so durchgreifend verfahren, daß er jedes zu jenem wirtschaftlich unerwünschten Ergebnis führende Geschäft zu treffen versucht habe. Das Reichsgericht zitierte die Gesetzesmaterialien, nach denen Geschäfte, die eine im Ausland bestehende und dem ausländischen Recht unterworfene Zweigniederlassung innerhalb ihres dortigen Geschäftsbetriebes abschloß, von den Devisenvorschriften nicht erfaßt werden sollten; es verwies in diesem Zusammenhang auch auf § 10 Abs. 3 der DevVO vom 8 .7. 1917, wonach ein Deutscher wegen einer Zuwiderhandlung gegen die Bestimmungen der DevVO auch verfolgt werden konnte, wenn er sie innerhalb eines i n l ä n d i s c h e n Geschäftsbetriebes im Ausland begangen hatte. Daraus folgerte das Reichsgericht, für die Anwendung der DevVO vom 8. 7. 1917 sei entscheidend, ob der Erwerb von ausländischen Zahlungsmitteln unmittelbar der Begründung oder Erfüllung geschäftlicher Verbindlichkeiten eines inländischen Geschäftsbetriebes diene, oder außerhalb eines solchen Zusammenhanges stehe. Das Reichsgericht führte weiter aus, es würde den Rahmen, den die DevVO vom 8. 2. 1917 sich selbst erkennbar gezogen habe, überschreiten, wenn ein Darlehn, das zur Finanzierung des Lebensunterhaltes im Ausland gelegenheitsweise aufgenommen und verbraucht worden sei, ebenso behandelt würde wie ein Darlehn, das im eigentlichen Sinne geschäftlichen Zwecken diene. Nur Geschäfte der letzteren Art würden im Interesse einer ausreichenden Kontrolle des Zahlungsverkehrs mit dem Ausland von den Vorschriften der Devisenverordnung vom 8. 2. 1917 erfaßt; die Bestimmungen dieser Verordnung seien auf ein Darlehn, das

---

[270] RG a. a. O., S. 1518.

außerhalb eines inländischen Geschäftsbetriebes zur Sicherung des Lebensunterhaltes im Ausland aufgenommen worden sei, nicht anzuwenden, weil der Gesetzgeber von derartigen Geschäften keinen erheblichen nachteiligen Einfluß auf die deutsche Zahlungsbilanz befürchtet habe.

Auch in anderen Entscheidungen wurde die Anwendung der Devisenverordnung vom 8. 2. 1917 auf Tatbestände mit Auslandsbeziehung davon abhängig gemacht, daß sich das betreffende Geschäft auf das deutsche Wirtschaftsgebiet unmittelbar auswirkte und den mit der Devisenbewirtschaftung verfolgten Zwecken zuwiderlief[271].

Bei späteren Devisengesetzen bestimmten die Gerichte ebenfalls den räumlichen Geltungsbereich – soweit gesetzliche Bestimmungen fehlten – nach dem Gesetzeszweck[272]. Besonders deutlich zeigt sich dies in einem Beschluß des Landgerichts Berlin III vom 1. 6. 1932[273].

Das Landgericht Berlin hatte darüber zu entscheiden, ob nach § 6 Ziff. 2 der Not.VO vom 1. 8. 1931 die Genehmigung der Devisenbewirtschaftungsstelle auch erforderlich war, wenn ein Ausländer eine Hypothek auf einem inländischen Grundstück an einen andern Ausländer abtrat. Das Gericht entschied, daß eine Genehmigung nicht erforderlich sei und berief sich auf den Zweck der genannten Vorschrift. Auch durch diese Devisenverordnung sollte eine zu starke Verschuldung der deutschen Wirtschaft gegenüber dem Ausland verhindert werden. Nach ihrem Inkrafttreten konnte eine auf Reichsmark oder Goldmark lautende Forderung einem Ausländer nur mit schriftlicher Genehmigung der Devisenbewirtschaftungstelle eingeräumt werden. Zutreffend stellte das Landgericht Berlin fest, wenn die Begründung einer derartigen Forderung einmal zugelassen worden sei, dann sei nach dem Zweck der deutschen Devisenbewirt-

---

[271] RG 24. 10. 1923, JW 1924, 1516 (1517); RG 19. 2. 1924, JW 1924, 1710 (1711, betr. die der DevVO vom 8. 2. 1917 vorangegangene VO vom 16. 1. 1917, RGBl., S. 41); RG 7. 7. 1926, IPRspr. 1926/27, Nr. 13. — Vgl. auch RG 19. 12. 1921, Warn. Rspr. RG 1922, 33. (Aus dem Zweck der DevVO wurde hergeleitet, daß sie auch auf ausl. Recht unterliegende Verträge anzuwenden war.)

[272] Unter der EinheitskursVO vom 22. 10. 1923 (RGBl. I 991) war allerdings zweifelhaft, ob im Einzelfall nachgewiesen werden mußte, daß das betreffende Geschäft sich in das deutsche Rechts- und Wirtschaftsgebiet auswirkte, weil nach § 1 der VO vom 22. 10. 1923 der Einheitszwangskurs für jedes im Ausland abgeschlossene Geschäft der in § 1 angegebenen Art galt. Das Reichsgericht ließ die Frage, ob die Anwendung der VO vom 22. 10. 1923 eine Einwirkung auf das deutsche Wirtschaftsgebiet voraussetze, in der Entscheidung vom 22. 6. 1926 (JW 1926, 2682) dahingestellt; Dorenberg sprach sich in einer Anm. zu dieser Entscheidung (JW 1926, 2682 f.) im Hinblick auf § 1 der VO vom 22. 10. 1923 gegen ein derartiges Erfordernis aus.

[273] JW 1932, 3019.

schaftung ein späterer Wechsel der Gläubiger ohne Bedeutung. Ein Interesse der deutschen Devisenbewirtschaftung bestehe bei einer Forderungsabtretung nur, wenn die Forderung von einem Inländer auf einen Ausländer übergehen solle; nur in diesem Falle sei daher § 6 Ziff. 2 der NotVO vom 1. 8. 1931 anzuwenden; die Vorschrift sei dagegen nicht anzuwenden, wenn ein Ausländer eine Hypothek an einen andern Ausländer abtrete.

Unter den späteren Devisengesetzen spielte die Abgrenzung des räumlichen Geltungsbereiches nach dem Gesetzeszweck eine geringere Rolle, weil in diesen Gesetzen zumeist ausführlich geregelt war, inwieweit ihre Anwendung von Staatsangehörigkeit und Wohnsitz der Beteiligten, sowie von der Lage des Vertragsgegenstandes abhing[274].

---

[274] Hierauf weist Wengler in Zvgl.RW 54, 168 ff. hin; vgl. z. B. §§ 14 Ziff. 2—5, 15, 16 des Devisengesetzes vom 12. 12. 1938, RGBl. I 1734, und Art. 1 des Gesetzes Nr. 53 der Militärregierung, abgedr. bei Langen, Komm. zum Devisengesetz, 3. Aufl., A I a, S. 1 und Palandt, 20. Aufl., S. 2059 ff.

E. SCHLUSSBETRACHTUNG

Die vorangegangenen Untersuchungen zeigen, daß insbesondere bei wirtschaftspolitischen und öffentlich-rechtlichen Vorschriften der räumliche Geltungsbereich immer wieder nach dem Gesetzeszweck bestimmt wurde, wenn er nicht gesetzlich festgelegt war. Die Methode wurde von deutschen wie auch von ausländischen Gerichten, vor allem bei Währungs- und Devisenvorschriften, häufig angewandt.

Es ist durchaus anerkannt, daß bei der Auslegung der Gesetze die ratio legis und der gesetzgeberische Wille weitgehend zu berücksichtigen sind. Bei der Auslegung werden entweder die tatbestandlichen Voraussetzungen für die Anwendung einer Norm ermittelt oder die sich aus der Anwendung einer Norm ergebenden Rechtsfolgen. Im ersteren Falle handelt es sich um die Feststellung des Anwendungsbereiches einer Norm. Einen Unterfall der Feststellung des Anwendungsbereiches einer Norm stellt die Ermittlung ihres räumlichen Geltungsbereiches dar, bei der darüber entschieden wird, inwieweit die Vorschrift auch auf Tatbestände mit Auslandsberührung anzuwenden ist. Handelt es sich folglich bei der Bestimmung des räumlichen Geltungsbereiches einer Vorschrift um eine Auslegungsfrage, so ist hierbei grundsätzlich nach den allgemeinen Auslegungsmethoden zu verfahren. Zu den allgemeinen Auslegungsmethoden gehört aber insbesondere auch die Berücksichtigung des gesetzgeberischen Zweckes.

Die Abgrenzung des räumlichen Geltungsbereiches gesetzlicher Bestimmungen nach ihrem Zweck geschah zumeist bei öffentlich-rechtlichen Vorschriften oder Privatrechtsnormen, die mit einer öffentlich-rechtlichen oder währungsrechtlichen Regelung innerlich zusammenhingen. Grundsätzlich ist die Anwendung dieser Methode auch bei reinen Privatrechtssätzen, die in keinem inneren Zusammenhang mit einer öffentlich-rechtlichen Regelung stehen, möglich. Hierzu ein Beispiel: Bei den in § 15 Abs. 2 und 3 GmbHG enthaltenen Formvorschriften, nach denen die Abtretung eines GmbH-Anteils und die Verpflichtung zu einer solchen Abtretung zu ihrer Wirksamkeit gerichtlicher oder notarieller Beurkundung bedürfen, handelt es sich um reine Privatrechtssätze. Das Kammergericht[275] untersuchte im Rahmen des Art. 30 EG BGB den räumlichen Gel-

---

[275] KG, 15. 11. 1932, IPRspr. 1932, Nr. 18, insbes. S. 44.

tungsbereich der genannten Vorschriften im Hinblick auf ihren Zweck. Seine Ausführungen haben jedoch auch unabhängig von der Vorschrift des Art. 30 EG BGB Gültigkeit. Nach Auffassung des Kammergerichts sollte durch die in § 15 Abs. 2 und 3 GmbHG enthaltenen Formvorschriften verhindert werden, daß Geschäftsanteile an einer deutschen GmbH Gegenstand des Handelsverkehrs werden; es sollten die Interessen der deutschen Bevölkerung beim Erwerb von GmbH-Anteilen geschützt werden. Das deutsche Gesetz hatte aber, wie das Kammergericht feststellte, keinen Anlaß, in völlig anders geartete Verhältnisse einer ausländischen GmbH einzugreifen. Die in § 15 Abs. 2 und 3 enthaltenen Formvorschriften sind daher nur auf deutsche Gesellschaften anzuwenden[276].

In der deutschen Rechtsprechung ist der Anwendungsbereich rein privatrechtlicher Vorschriften allerdings weit seltener nach ihrem Zweck bestimmt worden als der von öffentlich-rechtlichen Bestimmungen[277] oder Privatrechtssätzen, die in engem Zusammenhang zum öffentlichen Recht, insbesondere zum Währungsrecht stehen[278]. Dies liegt daran, daß der räumliche Geltungsbereich beispielsweise des deutschen Privatrechts durch die im Einführungsgesetz zum Bürgerlichen Gesetzbuch und in Staatsverträgen[279] enthaltenen Kollisionsnormen, ferner durch gewohnheitsrechtliche Sätze[280] weitgehend bestimmt ist.

Die Abgrenzung des räumlichen Geltungsbereiches politischer und wirtschaftspolitischen Vorschriften nach ihrem Zweck ist richtig. soweit es sich um Bestimmungen der lex fori handelt.

Ausländische politische und wirtschaftspolitische Vorschriften, die in private Rechtsverhältnisse eingreifen, berücksichtigt der Richter nach den Regeln des internationalen Verwaltungsrechts nur dann, wenn der gesetzgebende Staat die Macht hat, die Anwendung des Gesetzes auf das streitige Rechtsverhältnis zu erzwingen (Machtprinzip); bei Schuldverhältnissen kommt es darauf an, daß der Schuldner seinen Wohnsitz im gesetzgebenden Staat hat; nach einer neueren Ansicht ist entscheidend, ob Schuldnervermögen im gesetzgeben-

---

[276] Dieses Ergebnis folgt allerdings schon aus Art. 11 Abs. 1, S. 1 EG BGB, vgl. KG, 15. 11. 1932, IPRspr. 1932, Nr. 18.

[277] Z. B. Devisenrecht.

[278] Z. B. Aufwertungsrecht.

[279] Z. B. Haager Abkommen über die Eheschließung vom 12. 6. 1902, RGBl. 1904, 221, 249; Haager Ehewirkungsabkommen vom 17. 7. 1905, RGBl. 1912, 453, 475.

[280] Z. B. Maßgeblichkeit der lex rei sitae im internationalen Sachenrecht (vgl. Soergel-Kegel, Vorbem. 269 vor Art. 7 EG BGB mit Nachweisen); Maßgeblichkeit der Parteiautonomie im internationalen Schuldrecht (vgl. Soergel-Kegel, Vorbem. 167 ff. vor Art. 7 EG BGB mit Nachweisen).

den Staat belegen ist[281]. Hiernach kann aber die Bestimmung des räumlichen Geltungsbereiches eines ausländischen politischen oder wirtschaftspolitischen Gesetzes nach seinem Zweck im Inland nur praktische Bedeutung haben, wenn das Gesetz seinem Zweck nach einen engeren Geltungsbereich beansprucht, als ihm nach dem Machtprinzip zugebilligt wird[282].

Es ist für den Richter nicht leicht, häufig gar unmöglich, die Ziele einer ausländischen Gesetzgebung zu erkennen und ihren räumlichen Geltungsbereich nach diesen Zielen zu bestimmen[283]. Daher ist bei der Anwendung dieser Methode Zurückhaltung geboten: Nur dann, wenn mit Sicherheit festzustellen ist, daß ein ausländisches politisches oder wirtschaftspolitisches Gesetz nach seinem Zweck einen beschränkten Geltungswillen hat und deshalb auf das streitige Rechtsverhältnis nicht anzuwenden ist, sollte es aus diesem Grunde unberücksichtigt bleiben. Diese Feststellung ist in der Regel nur möglich, wenn die Gerichte und Behörden des gesetzgebenden Staates selbst aus dem Zweck des Gesetzes auf einen beschränkten räumlichen Geltungsbereich schließen und hierbei in fester Praxis zu einheitlichen Ergebnissen kommen.

Was insbesondere den Geltungsbereich von Währungs- und Aufwertungsvorschriften angeht, so läßt sich vom Standpunkt des deutschen Rechts feststellen, daß die anläßlich der Einführung einer neuen Währung erlassenen Umrechnungsnormen, sofern sie dem wahren Wertverhältnis zwischen alter und neuer Währung entsprechen, ihrem Zweck nach auf alle vom Währungswechsel betroffenen Geldschulden anzuwenden sind[284]. Enthält die Umrechnungsnorm ein konfiskatorisches Abwertungsverhältnis, so ist sie nur auf Geldforderungen anzuwenden, die sich gegen einen im gesetzgebenden Staat wohnenden Schuldner richten[285]; nach der neueren Meinung ist auf

---

281 Vgl. oben S. 47 f., 54, 74 f.

282 Hierzu ein Beispiel: Ein Deutscher hat einem Franzosen ein Darlehen gewährt. Es ist zu entscheiden, ob ein französisches Zwangskursgesetz (mit dem nach franz. Auffassung darin enthaltenen Goldklauselverbot) auf den Rückforderungsanspruch des Deutschen gegen den Franzosen anzuwenden ist. Nach dem sogenannten Machtprinzip ist das franz. Zwangskursgesetz auf die Darlehnsforderung anzuwenden, weil der Schuldner seinen Wohnsitz in Frankreich hat. Nach der franz. Theorie über den Geltungsbereich der Zwangskursgesetze ist die Vorschrift dagegen nicht anzuwenden, da sie ihrem Zweck nach für payements internationaux nicht gilt (vgl. oben, S. 78). Das franz. Zwangskursgesetz hat also seinem Zweck nach einen engeren räumlichen Geltungsbereich, als ihm nach dem Machtprinzip zukommt.

283 Vgl. oben, S. 75 f.

284 Vgl. oben, S. 10 f.

285 Vgl. oben, S. 47.

die Lage des Schuldnervermögens abzustellen und der Währungseingriff immer und nur anzuerkennen für den Rechtsverkehr im eingreifenden Staat, wenn dort Schuldnervermögen belegen ist[286]. Allgemeine Aufwertungsvorschriften sind grundsätzlich auf alle in der entwerteten Währung ausgedrückten Geldschulden anzuwenden; der räumliche Geltungsbereich spezieller Aufwertungsvorschriften, die vom Währungsverfall besonders hart betroffene Personengruppen und Wirtschaftszweige vor dem wirtschaftlichen Ruin bewahren sollen, richtet sich nach ihrem besonderen Zweck[287].

---

[286] Vgl. oben, S. 47 f.
[287] Vgl. oben, S. 16 ff., 23 ff., 42 f.

FSC
www.fsc.org
MIX
Papier | Fördert gute Waldnutzung
FSC® C083411

Kolibri 360 GmbH
Ferdinand-Jühlke-Straße 7
99095 Erfurt, Deutschland
produktsicherheit@kolibri360.de